1판 1쇄 발행 2014년 11월 12일 | 1판 3쇄 발행 2018년 6월 20일
2판 1쇄 발행 2021년 10월 29일

글쓴이 강하림 | **그린이** 박종호
펴낸이 홍석 | **이사** 홍성우 | **편집부장** 이정은
편집 차정민, 조웅연, 이은경 | **개정판 편집 진행** 박보람 | **디자인** 신영미, 손현주, 박두레
마케팅 이송희, 한유리 | **관리** 최우리, 김정선, 정원경, 홍보람, 조영행
펴낸곳 도서출판 풀빛 | **등록** 1979년 3월 6일 제2021-000055호
주소 서울특별시 강서구 양천로 583 우림블루나인 A동 21층 2110호
전화 02-363-5995(영업) 02-362-8900(편집) | **팩스** 070-4275-0445
전자우편 kids@pulbit.co.kr | **홈페이지** www.pulbit.co.kr
블로그 blog.naver.com/pulbitbooks | **인스타그램** instagram.com/pulbitkids

ISBN 979-1 1-6172-384-6 74360
       979-1 1-6172-283-2 (세트)

ⓒ 강하림 2014, 2021

*책값은 뒤표지에 표시되어 있습니다.
*파본이나 잘못된 책은 구입하신 곳에서 바꿔드립니다.

품명 아동 도서   **사용연령** 8세 이상
제조국 대한민국   **제조년월** 2021년 10월 29일
제조자명 도서출판 풀빛   **연락처** 02-363-5995
주소 서울특별시 강서구 양천로 583 우림블루나인 A동 21층 2110호
주의사항 종이에 베이거나 긁히지 않도록 조심하세요.
        책 모서리가 날카로우니 던지거나 떨어뜨리지 마세요.
KC마크는 이 제품이 공통안전기준에 적합하였음을 의미합니다.

역지사지 생생 **토론** 대회 ❻

법률 논쟁

강하림 글 | 박종호 그림

풀빛

여러분은 '법'에 대해 얼마나 알고 있나요?

    법이라고 하면 어떤 생각이 드나요? 혹시 법이 복잡하고 어려운 어른들 세계의 일로만 느껴지나요? 어려운 글이 가득한 법전을 상상하는 친구도 있을 거예요. 법을 어기면 경찰서를 가게 된다는 이야기가 생각나서 무서워하는 친구도 있을 수 있지요. 그런데 사실 법은 어렵거나 무서운 것이 아니에요. 오히려 우리를 지켜 주는 소중한 친구 같은 존재랍니다. 우리가 친구들과 다투지 않고 평화롭게 살아가기 위해 꼭 필요하기도 하고요.

    법은 우리 모두가 안전하고 자유로우며 평등하게 살아가기 위해 만든 약속이에요. 다른 사람들과 공동체를 이루어 살기 위해 필요한 규칙들을 정해 놓은 것이지요. 만일 이런 규칙이 없다면 어떨까요? 사람들 사이에 다툼이 생기고 무척 혼란스러울 거예요. 법이 있기 때문에 우리는 사회의 다른 구성원들과 조화를 이루며 살아갈 수 있고 갈등을 해결할 수도 있어요. 법은 우리의 행동을 제한하기도 하지만, 우리를 지켜 주기도 하거든요.

    오래전 왕과 귀족들이 나라를 다스리던 때를 떠올려 볼까요? 왕의 말이 곧 법이었던 시대에, 백성들은 정해진 법을 지켜야 했을 뿐, 정작 법을 만드는 과정에는 참여할 수 없었어요. 형식적인 법이 있었지만, 정말로 백성을 위하는 법은 없었지요. 억울한 일이 생겼을 때 법의 보호를 받기도 어려웠고요.

    지금 우리가 살아가고 있는 민주주의 국가에는 더 이상 왕과 귀족이 없어요. 대신 모든 국민이 나라의 주인이지요. 국민이 법을 만드는 과정에 직접 참여할 수도 있으며, 또 그 법의 보호를 받아요. 하지만 여러분, '권리에는 책임이 따른다.'라는 말이 있어요. 우리가 법을 만드는 과정에 적극적으로 참여할 수 있게 된 만큼, 함께 '좋은 법'을 만들어서 모두가 평화롭고 행복하게 살 수 있는 사회를 만들어 나가야 한답니다.

    이 책은 '좋은 법이란 어떤 법일까?'라는 정답 없는 질문에서 만들어졌

어요. 어떤 법이 좋은 법인지에 대해서는 모두가 다른 생각을 할 거예요. 자유로운 세상을 위한 법을 원하는 친구가 있고, 질서 있는 나라를 위한 법을 만들고 싶어 하는 친구, 평등한 사회를 위한 법을 꿈꾸는 친구도 있을 거예요. 물론, 이 질문에 대답하기 위해서는 먼저 여러분이 어떤 세상을 만들고 싶은지에 대해 깊이 고민해 보아야 하지요.

자, 여러분은 다음 질문에 대해 생각해 본 적 있나요?

학생들이 밤늦게까지 자유롭게 온라인 게임을 할 수 있는 나라와 학생들의 온라인 게임 시간을 제한하는 나라 중 어떤 나라에 살고 싶나요? 학생들이 각자 개성을 드러낼 수 있는 사복을 입고 학교에 가는 세상과 단정하지만 똑같은 교복을 입어야 하는 세상 중에서는요? 만약 공공장소에서 담배를 피우고 싶은 사람과 담배 연기가 싫은 사람이 같이 있다면 담배를 피우게 하는 게 맞을까요, 아니면 그 반대일까요? 또 사회를 이루는

  중요한 두 가치인 자유와 평등이 부딪치는 경우가 생긴다면 어떤 가치를 우선해야 하는 걸까요?

    대답하기 쉽지 않지요? 다른 친구들의 답변이 궁금하다면 기대해도 좋아요. 이제부터 다양한 생각을 가진 친구들이 이 질문들에 대해 서로 토론하는 모습을 지켜볼 수 있을 테니까요. 친구들의 의견을 귀 기울여 들어 보고, 또 여러분의 생각을 들려주세요. 우리 토론 수업에는 항상 여러분의 자리가 준비되어 있답니다. 그럼 신나는 토론에 참여하게 된 걸 환영하면서, 이제 토론을 시작해 볼까요?

강하림

차례

작가의 말 004

1장 법이란 무엇일까?

모의재판을 준비하는 아이들 014
재판은 왜 하는 걸까? 018
동물원은 인간 사회의 축소판 022
법은 무조건 지켜야 할까? 027
법은 어떻게 만들어질까? 029
법은 최소한의 도덕 032
좋은 법이란 무엇일까? 036

2장 행복할 자유와 법

쟁점 1. 셧다운제는 필요할까? 046
쟁점 2. 교복, 꼭 입어야 할까? 058
쟁점 3. 공공장소 흡연 규제는 타당할까? 069
함께 정리해 보기 행복할 자유와 법에 대한 쟁점 081

3장 표현의 자유와 법

쟁점 1. 촛불 집회 제한은 타당할까? 086
쟁점 2. 방송 심의 규제, 어디까지 허용해야 할까? 098
쟁점 3. 낙선 운동 금지는 타당할까? 107
함께 정리해 보기 표현의 자유와 법에 대한 쟁점 117

4장 마음의 자유와 법

쟁점 1. 교내 종교 행사 강요는 타당할까? 122
쟁점 2. 양심적 병역 거부는 타당할까? 133
쟁점 3. 국민의례는 양심의 자유를 제한하는 것일까? 144
함께 정리해 보기 마음의 자유와 법에 대한 쟁점 151

5장 평등할 자유와 법

평등하게 자유로운 사회를 꿈꾸며 156
진정한 평등은 무엇일까? 160
쟁점 1. 고교 평준화 제도는 평등한 것일까? 163
쟁점 2. 시각 장애인만 안마사가 될 수 있도록 제한하는 것은 타당할까? 175
함께 정리해 보기 평등할 자유와 법에 대한 쟁점 181

6장 우리가 만드는 좋은 법

법은 언제나 옳을까?　184
죄에도 유효 기간이 있다?　185
술을 마시고 사람을 때리면 형이 줄어든다?　190
법은 영원한 것일까?　193
국민의 힘이 법을 바꾼다　194
좋은 법을 만들기 위해서는?　199

1장

법이란 무엇일까?

우리가 사는 사회는 법을 기본으로 하는 커다란 공동체라고 할 수 있어. 모두가 법을 지켜야 하고, 법을 어기면 처벌을 받지. 법은 사회를 유지하는 기본 원칙과 같아. 하지만 법이 무엇이기에 우리는 법을 꼭 지켜야 하고, 지키지 않으면 처벌을 받는 걸까? 이유도 모른 채 법을 무조건 지켜야 한다면 조금 억울할지도 몰라.

법은 반드시 지켜야 하지만, 무조건 타당한 것이라고 보긴 어려워. 법의 불완전함은 우리가 앞으로 토론을 해야 하는 이유이기도 해. 우리는 법이 우리의 자유를 제한하는 사례들을 통해 이러한 규제가 옳은지 토론해 볼 거야. 제대로 된 논쟁을 하기 위해서는 일단 법의 기본적인 사항을 알아야겠지? 이제부터 법은 무엇이며, 어떻게 만들어졌고, 왜 지켜야 하는 것인지 함께 고민해 보도록 하자.

법이란 무엇일까?

모의재판을 준비하는 아이들

 이현이는 오늘 학교에 가는 발걸음이 유난히 가볍다. 오늘은 방과 후 모의재판 경연 대회를 준비하는 토론 수업이 있는 날이기 때문이다. 모의재판 경연 대회는 각 학교를 대표하는 팀끼리 실제 법정에서 싸우듯이 토론을 하는 대회로, 변호사가 되고 싶은 이현이는 오래전부터 이 대회에 나가기를 꿈꿔 왔다.
 기쁘게도 이번에 모의재판 경연 대회에 나가게 된 데다, 함께 대회를 준비하며 토론 수업을 듣게 된 경서, 영선, 우제, 찬솔, 나정이는 이현이가 무척 좋아하는 친구들이다. 이현이는 요 며칠간 가만히 있어도 웃음이 날 정도로 설레고 신이 났다. 기대 섞인 긴장감이 기분을 더욱 좋게 만드는 것 같았다.

첫 번째 수업을 앞두고 선생님이 주문한 것은 단 하나, 주말에 동물원에 갔다 오는 것이었다. 아이들은 토론 수업과 전혀 관계없는 숙제에 의아해했지만, 동물을 좋아하는 이현이는 부모님을 졸라 동물원 나들이를 갈 수 있다는 생각에 마냥 즐거웠다. 지난 주말, 오랜만에 찾은 동물원에서 코끼리에게 먹이를 주고 조랑말도 타며 어찌나 웃었던지! 오후의 낮잠을 즐기는 사자와 이현이가 특히 좋아하는 꽃사슴을 보며 봄날의 소풍을 한껏 누렸다.

드디어 방과 후 모의재판 준비 시간. 선생님이 들어오자 들뜬 아이들이 재잘거리던 수다를 멈추었다. 선생님은 미소를 지으며 아이들을 둘러보았다.

"자, 여러분. 우리 학교를 대표하여 모의재판 대회에 나가게 된 것을 축하해요. 모의재판 경연 대회는 가상의 법정 안에서 하나의 주제에 대해 옹호하는 쪽과 비판하는 쪽으로 나누어 토론을 하고, 둘 중 토론을 잘한 팀을 가리는 대회예요. 우리는 앞으로 이 대회를 앞두고 '법'과 관련된 토론을 하게 될 거예요. 오늘은 첫 시간이기 때문에 법에 대해 알아야 할 기본적인 것에 대해 이야기해 볼게요. 우리는 이제 모의재판을 준비하게 될 텐데, 여러분은 우선 '재판'이 무엇인지 알고 있나요?"

선생님의 질문에 경서가 1등으로 손을 번쩍 들었다. 1학년 때부터 반장을 도맡아 온 경서는 둘째가라면 서러울 정도로 정의감이 강하고 모범적인 학생이다. 늘 학급 일에 솔선수범하며 성적도 뛰어나서 '바른 생활 소년'으로 불린다.

"변호사가 주인공인 드라마에서 보았는데, 재판은 하나의 사건에 대해서 서로 다른 입장을 가진 검사와 변호사가 싸워서 판사가 옳은 쪽을 정해 주는 것입니다."

우렁차고 똑 부러진 말이었다. 선생님은 만족스러운 웃음을 지었다.

"경서 말이 맞아요. 재판은 기본적으로 법정에서 잘잘못을 다투고 판사가 이에 대한 판단을 내리는 것이랍니다. 재판이 이루어지는 장소를 법정이라고 하고, 법정에서 법을 다루는 사람들, 즉 판사, 검사, 변호사를 법조인이라고 해요. 검사는 범죄를 저질렀다고 의심을 받는 사람이 죄가 있는지 없는지 수사하고, 죄가 있다고 판단하면 법원에 재판을 청구하죠. 변호사는 국민을 대신해서 소송을 진행하며 국민의 권리를 지켜 주는 사람이고요. 판사는 어느 쪽의 주장이 옳은지 판단하는 중요한 역할을 해요."

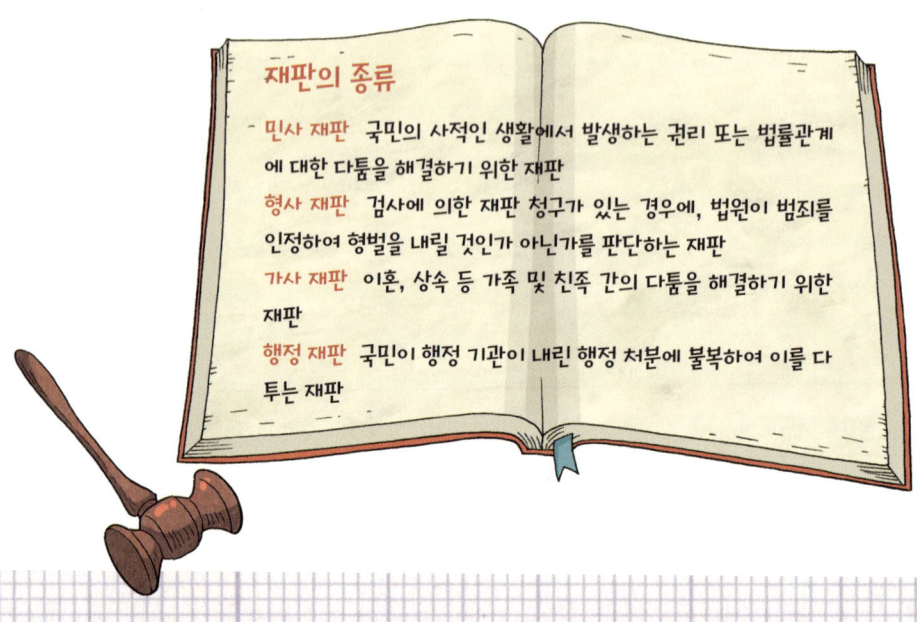

재판의 종류

- **민사 재판** 국민의 사적인 생활에서 발생하는 권리 또는 법률관계에 대한 다툼을 해결하기 위한 재판
- **형사 재판** 검사에 의한 재판 청구가 있는 경우에, 법원이 범죄를 인정하여 형벌을 내릴 것인가 아닌가를 판단하는 재판
- **가사 재판** 이혼, 상속 등 가족 및 친족 간의 다툼을 해결하기 위한 재판
- **행정 재판** 국민이 행정 기관이 내린 행정 처분에 불복하여 이를 다투는 재판

"선생님, 그런데 모든 법정에 검사가 나오는 건 아니지 않나요?"

평소 법정을 소재로 한 '미드[미국 드라마]'까지 챙겨 볼 정도로 법에 관심이 많은 이현이가 되물었다.

"이현이 말이 맞아요. 드라마 속 법정에는 보통 검사가 나오지만 모든 법정에 검사가 나오는 건 아니지요. 검사는 형사 재판만 청구하는 사람이고, 민사 재판에서는 변호사와 변호사끼리 다투거나 당사자가 스스로 다툴 수도 있어요. 이처럼 법정의 형태와 재판의 종류는 다양하답니다. 기회가 닿으면 직접 법정 구경을 가 보는 것도 좋아요."

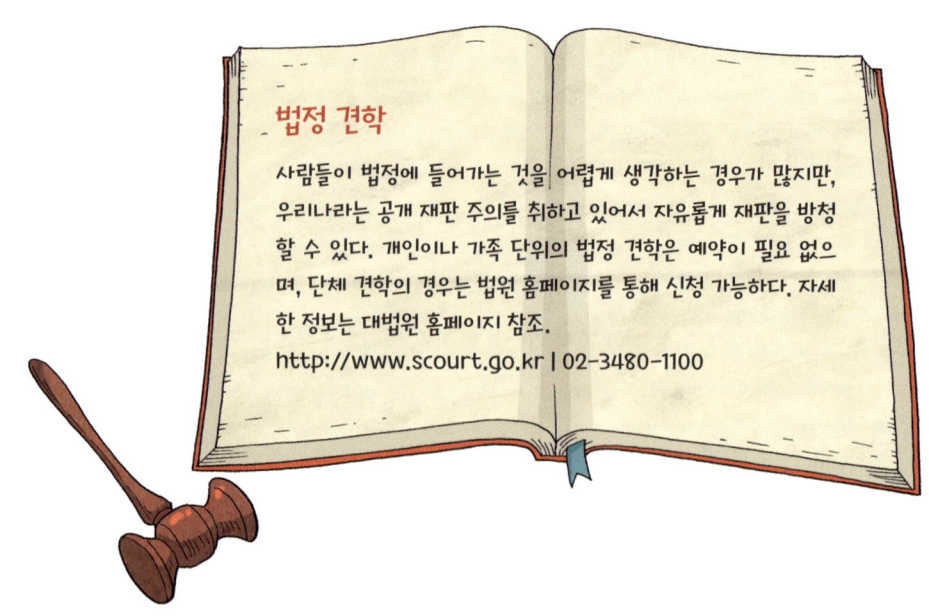

법정 견학

사람들이 법정에 들어가는 것을 어렵게 생각하는 경우가 많지만, 우리나라는 공개 재판 주의를 취하고 있어서 자유롭게 재판을 방청할 수 있다. 개인이나 가족 단위의 법정 견학은 예약이 필요 없으며, 단체 견학의 경우는 법원 홈페이지를 통해 신청 가능하다. 자세한 정보는 대법원 홈페이지 참조.
http://www.scourt.go.kr | 02-3480-1100

재판은 왜 하는 걸까?

법원 견학이 어렵지 않다는 말에 영선이의 눈이 커졌다. 영선이는 활발한 성격으로 전교생에게 인기가 많았다. 영화와 드라마 보기를 특히 좋아해서, 연예인이 되어 드라마 속 여주인공이 된 자신을 종종 상상하곤 한다. 영선이는 얼마 전 이현이네 놀러 가서 본 미국 법정 드라마에서 깔끔한 정장을 차려입은 주인공들이 치열한 토론을 벌이던 모습을 떠올려 보았다.

'이번 주말엔 법원 구경을 가야지!' 하고 영선이는 다짐했다. 그때 선생님이 다시 질문을 던졌다.

"그런데 재판은 어떤 경우에 하는 걸까요? 여러분이 어제 엄마 몰래 학원을 빠지고 친구네 집에서 만화책을 본 것에 대해서도 법정에서 재판을 할 수 있을까요?"

순간 거짓말을 못하는 우제의 얼굴이 벌겋게 달아올랐다. 우제와 같은 학원을 다니는 찬솔이가 웃음을 참지 못하고 킥킥거렸다. 우제와 찬솔이는 반에서도 둘째가라면 서러운 장난꾸러기들로, 쉬는 시간이면 복도를 뛰어다니기 바쁘다. 둘은 야구를 좋아해서 방과 후에도 운동장에 남아 늦도록 캐치볼을 하곤 한다. 찬솔이는 엄한 부모님 때문에 놀다가도 학원 시간이 되면 달려가지만, 만화책과 컴퓨터 게임도 매우 좋아하는 우제는 놀다가 학원을 빠지기 일쑤였다. 도둑이 제 발 저리다고, 우제는 불만스런 목소리로 말했다.

"음……. 학원 한 번 빠졌다고 재판을 하는 건 너무해요. 학원에 안 간다고 해서 다른 사람한테 피해를 주는 것은 아니잖아요? 재판은 남의 물건을 훔치거나 다른 사람을 때렸을 때 하는 것 아닌가요? 학원에 안 간 건 죄가 아니라고요!"

이현이는 생각에 잠겼다. 재판은 언제 하는 걸까? 누가 잘못이 있는지, 없는지를 어떻게 알 수 있을까? 판사의 판단은 과연 다 옳은 것일까? 아무리 공부를 많이 한 판사도 잘못된 판단을 할 때가 있을 텐데……. 죄 없는 사람이 억울하게 누명을 써서 무거운 형벌을 받을 수도 있지 않을까? 그때였다. 선생님이 칠판에 분필로 크게 한 글자를 썼다.

"재판을 하는 기준은 '법'이에요. 어떤 사람이 법을 어기면 그 사람이 지은 잘못의 여부를 판단하기 위해 재판을 할 수 있죠. 재판은 그 사람이 법을 어겼는지, 법을 어겼다면 얼마나 심각하게 어긴 것인지에 대해 토론하고 판단하는 것이랍니다. 판사는 자기 마음대로 판단을 하는 것이 아니라 '법'을 기준으로 판단을 내려요. 우제 말대로 학원을 빠진 건 잘못한 일이긴 하지만 법을 어긴 것은 아니니까 일단은 안심해도 되겠어요. 호호."

엉겁결에 학원을 빠진 사실을 실토한 우제 때문에 아이들이 와하하 하고 웃자, 우제는 머리를 감싸며 책상에 엎드리는 시늉을 했다.

선생님이 말을 계속했다.

"결국 법은 재판을 하고 재판 결과에 따라 처벌을 받을 수도 있는 기준이라 할 수 있어요. 법을 어길 경우 국가에 벌금을 내거나 피해를 입힌 사람에게 배상을 해 주어야 하고, 심하면 교도소에 가야 해요. 드물지만

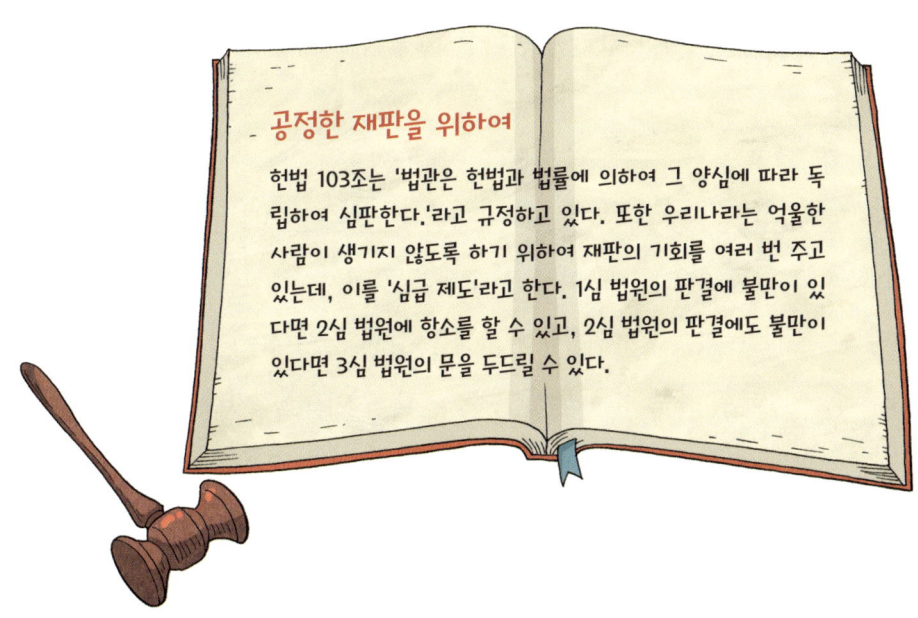

공정한 재판을 위하여

헌법 103조는 '법관은 헌법과 법률에 의하여 그 양심에 따라 독립하여 심판한다.'라고 규정하고 있다. 또한 우리나라는 억울한 사람이 생기지 않도록 하기 위하여 재판의 기회를 여러 번 주고 있는데, 이를 '심급 제도'라고 한다. 1심 법원의 판결에 불만이 있다면 2심 법원에 항소를 할 수 있고, 2심 법원의 판결에도 불만이 있다면 3심 법원의 문을 두드릴 수 있다.

사형을 선고받는 경우도 있지요. 그렇기 때문에 법을 잘 지키는 것은 아주 중요한 일이겠지요?"

진지한 표정의 아이들이 선생님의 말에 귀를 기울이며 고개를 끄덕였다.

"어른들이 자주 하는 표현 중에 '법 없이도 살 사람'이라는 말이 있어요. 이 말뜻은 법 같은 규칙 없이도 다른 사람에게 피해를 주지 않고 착하게 살 사람이라는 뜻이에요. 하지만 모든 사람이 그런 건 아니겠죠? 자신의 이익을 위해 다른 사람에게 피해를 주는 걸 대수롭지 않게 생각하는 사람들도 있으니까요."

우제는 며칠 전 편의점에서 물건을 훔치는 중학생 형들을 본 것을 떠올렸다. 학원 가는 길에 우연히 목격한 그 장면이 종일 머릿속을 떠나지

앉았다. 별다른 죄의식 없이 행동하는 그들을 보며 마음이 혼란스러웠던 것이다.

"만약 '남의 물건을 훔치지 말라.'는 법이 없으면 다른 사람의 물건을 훔치는 걸 아무렇지 않게 생각하는 사람들이 있을지도 몰라요. 또 법이 있더라도 그 법을 어겼을 때 아무런 제재가 주어지지 않는다면, 법은 유명무실한 존재가 되겠죠. 때문에 사회에는 사회 질서 유지를 위한 법이 존재하고, 이 법을 어길 경우 벌을 주도록 돼 있어요. 그렇다면 '다른 사람의 물건을 훔치지 말라.'는 규칙과 이 규칙을 어길 경우 '교도소에 간다.'는 벌은 어떻게 만들어진 것일까요?"

동물원은 인간 사회의 축소판

경서는 선생님의 설명을 들으며 지난해 경찰 공무원 시험에 합격한 막내 삼촌을 떠올렸다. 왜 경찰이 되었냐고 묻자, 삼촌은 "법을 어기는 사람들을 잡고 싶어서."라고 짧게 대답했었다. 법은 아주 예전부터 존재했던 것으로, 사람이라면 누구나 법을 지켜야 한다는 설명도 덧붙였었다. 경서는 법은 누가, 언제, 어떻게 만든 것인지 궁금해졌다. 선생님은 골똘히 생각에 잠긴 경서를 보며 미소 지었다.

"경서가 생각이 많아졌나 보구나? 선생님이 지난 주말에 동물원에 갔다 오라는 숙제를 내 주었는데, 다들 동물원 구경은 잘하고 왔나요?"

"네!"

장난꾸러기 찬솔이가 가장 먼저 대답했다.

"선생님, 그런데 동물원이 토론 수업이랑 무슨 상관인가요?"

지난 주말 바쁜 부모님을 졸라 동물원에 다녀온 경서의 말이었다. 즐거운 시간을 보내면서도 선생님이 내 준 숙제의 의미가 내심 궁금했었다.

"아마 동물원에 다녀오라는 숙제가 우리가 공부하는 법과 어떤 관련이 있는지 잘 몰라서 당황스러웠을 거예요. 인간도 결국 높은 지능을 가진 동물이라는 것을 생각하면 여러 동물이 모여 사는 동물원은 인간 사회의 축소판이라고도 할 수 있어요. 선생님은 여러분이 동물원에 가 보면 우리 사회를 이해하는 데에도 도움이 될 거라고 생각했답니다. 누가 동물원에서 보았던 것에 대해 이야기해 볼까요?"

동물원에서의 즐거웠던 시간이 아직도 기억에 생생한 이현이가 밝은 얼굴로 손을 들었다.

"동물원 입구에 있는 초식 동물관에는 당나귀와 염소, 사슴 같은 동물들이 있었어요. 육식 동물관에는 호랑이와 사자가 있었고요. 호랑이가 한 번 크게 울었는데 동물원 전체가 울리는 것 같았어요. 표범도 실제로 보니까 사진보다 훨씬 무섭더라고요."

이현이의 발표를 들은 선생님이 만족스러운 표정으로 말했다.

"이현이가 숙제를 아주 잘하고 왔네요. 이현이가 보고 온 것처럼 동물원에는 많은 동물이 함께 살고 있어요. 육식 동물과 초식 동물, 바다 동물, 조류 등 여러 종류의 동물들이 있지요. 여러분이 동물원에서 본 모든 동물은 각자 자신의 구역에 격리되어 안전하게 보호받고 있었을 거예요. 그런데 만일 이 동물들을 모두 한 장소에 함께 풀어 놓는다면 어떻게 될까요?"

선생님의 말에 이현이가 소름이 끼친다는 듯이 대답했다.

"호랑이가 사슴과 토끼 같은 동물들을 다 잡아먹지 않을까요?"

선생님은 심각한 표정으로 이야기를 이어 나갔다.

"맞아요. 아마 몸집이 크고 힘이 센 동물들이 약한 동물들을 해치는 잔인한 정글이 되겠지요. 먹이 사슬 피라미드의 아래쪽에 있는 동물들은 피라미드 위쪽에 있는 더 강한 동물에게 잡아먹혀서 모두 죽고 말 거예요. 그런데 법이 없는 사회도 이와 비슷한 모습일지 몰라요. 원시 사회가 그러했듯이 힘과 권력을 지닌 사람들이 그렇지 못한 사람들을 억압하고 착취하는 거죠. 하지만 인간은 동물과는 달리 생각하는 능력이 있기 때문에, 공동체를 평화롭게 유지하기 위한 방법을 찾아냈어요. 그것은 바로 법을 만드는 일이었습니다."

아이들은 눈을 동그랗게 뜨고 선생님을 바라보았다. 아무런 법도 질서도 없이 사람들이 무리를 지어 살고 있다면 어떻게 될까? 이현이는 넷플릭스 다큐멘터리에서 본 동물들의 싸움이 생각났다. 사자는 도망가는 얼룩말을 먹이로 삼았고, 같은 무리에 속한 다른 사자와도 둘 중 하나의 목숨이 끊어질 때까지 힘겨루기를 했다. 인간 사회에 법이 없어진다면? 어떤 모습일지는 아무도 장담할 수 없는 문제였다. 선생님의 설명이 계속됐다.

"법은 아주 오래전에 만들어졌어요. '사회가 있는 곳에 법이 있다.'는 말처럼 사람들이 무리를 지어 사회를 이루고 공동체 생활을 시작할 때부터 법이 생겨난 것이죠. 사람들이 혼자 산다면 자기 마음대로 행동해도 상관없었겠지만, 여러 명이 같이 살게 되자 질서가 필요하게 된 것이에요. 학교도 우리가 함께 어울리는 공동체 사회이므로 학생이라면 반드시 지켜야 하는 교칙이 있는 것이지요. 만약 교칙이 없었다면 여러분은 지금보다 몇 배는 더 힘들게 학교생활을 했을지도 몰라요."

"맞아요! 교칙이 없으면 학생들이 보호받지 못하는 일도 종종 생길 것 같아요. 물론 이해할 수 없는 교칙도 많지만……."

그동안 선생님의 설명을 잠자코 듣고만 있던 나정이가 모처럼 입을 열었다. 항상 웃는 얼굴의 나정이는 살짝 엉뚱한 면도 있어서 친구들에게 웃음을 주는 귀여운 소녀다. 시사 상식이 풍부하고, 뉴스를 보는 것을 좋아한다.

"나정이 말대로 이해할 수 없는 교칙들은 앞으로 더 살펴보고 토론해 보도록 해요. 규칙이라는 게 때로는 사람을 옭아매는 것 같기도 하지만, 궁극적으로 '법'이라는 규칙은 '정의'를 위해서 만든 것이에요. 법을 통해서 사람들 사이에 다툼이 생겼을 때 누가 잘못했는지를 판단할 수 있게 한 것이지요. 시간이 흐르고 공동체가 커짐에 따라 법은 훨씬 복잡해지고 그 형태와 내용도 변화했지만 기본 정신은 그대로입니다. 우리가 공동체 안에서 자유를 누리며 행복하게 살 수 있도록 우리를 보호해 주는 것이 법이라고 할 수 있어요."

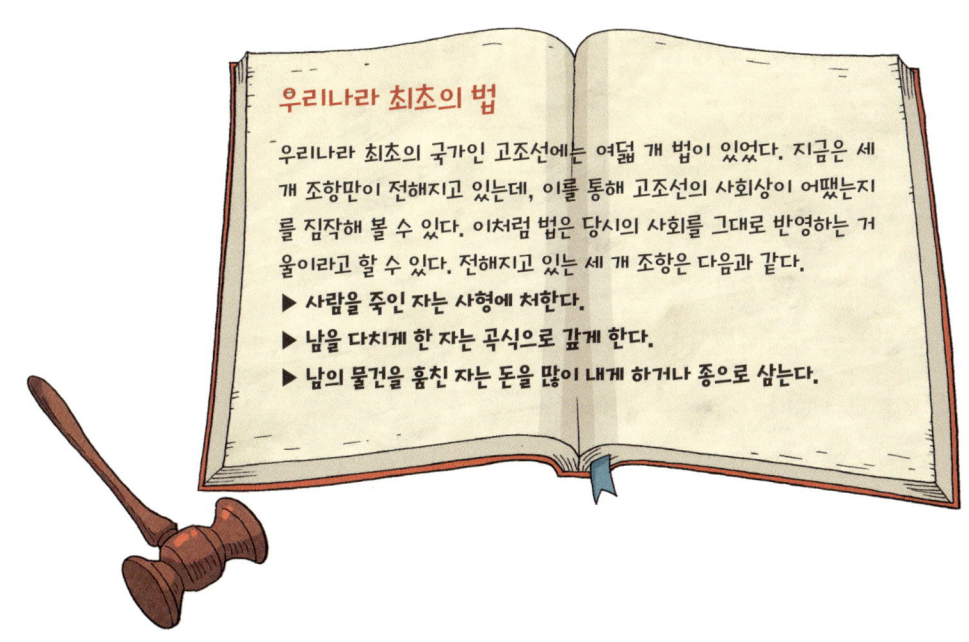

법은 무조건 지켜야 할까?

선생님의 설명이 끝나자 이현이가 조심스레 입을 열었다.

"선생님, 그런데 공동체를 위한 규칙은 무조건 지켜야 하는 건가요? 나정이가 교칙 중에 이해할 수 없는 게 있다고 한 것처럼, 교칙은 학생들이 스스로 정한 것 말고도 미리 정해져 있는 게 더 많아서 학생 입장에서 볼 땐 말이 안 되는 것도 많거든요. 우리나라 법도 마찬가지고요. 저는 제가 태어나기 전에 만들어진 우리나라의 법에 찬성한 적이 없어요. 그래도 법을 무조건 지켜야 하는 건가요?"

이현이의 말을 듣고 있던 영선이도 덩달아 맞장구를 쳤다.

"맞아요. 저도 그건 좀 억울한 것 같아요. 게다가 우리는 누가 법을 만들었는지도 모르잖아요? 우리나라에 이렇게 많은 사람이 사는데 모두가 함께 모여서 법을 만들었을 리도 없고……. 저희 가족 중에도 법을 만들러 간 사람은 아무도 없거든요."

선생님은 이현이와 영선이의 말에 놀랐다는 듯 잠시 멈칫하다가 이내 웃으며 대답했다.

"이현이와 영선이가 좋은 지적을 해 주었네요. 사실 여러분이 지켜야 하는 법은 대부분 여러분이 태어나기 전에 만들어졌거나, 태어난 이후에 만들어졌다 하더라도 여러분이 직접 동의해서 만들어진 것은 아니에요. 아주 오래전 사람들이 지금처럼 많이 모여 살지 않았을 때는 정말 많은 사람들이 광장에 둥그렇게 모여서 토론하고 합의를 거쳐 공동체의 규칙을 만들었답니다. 혹시 이런 광장을 뭐라고 불렀는지 아는 사람?"

"아고라요! 고대 그리스 사람들은 이 광장에 모여서 서로 의견을 나누었다고 해요."

상식이 풍부한 나정이가 재빨리 대답했다. 얼마 전 책에서 읽은 내용이라 자신 있게 말할 수 있었다.

"오, 제법인데? 나정이는 역시 아는 게 많다니까!"

우제의 칭찬에 나정이의 얼굴이 발갛게 물들었다.

"맞아요. 고대 그리스에서는 사람들이 아고라에 모여서 규칙을 만들었죠. 하지만 지금은 인구가 많아져서 이런 식으로 규칙을 만드는 게 어렵게 되었어요. 그래서 우리는 우리의 의견을 대신하여 법을 만들어 줄 사람들을 뽑습니다. 이들이 바로 국회 의원이에요. 여러분은 아직 선거에 참여할 수 있는 나이가 아니라서 국회 의원 선거일을 그저 학교 안 가는 날이라 생각할지도 모르지만, 만 18세가 되면 여러분도 원하는 국회 의원을 뽑게 될 거예요. 국회 의원이 우리 대신 법을 만들기 때문에 국회 의원 선거는 굉장히 중요하답니다."

선생님의 설명을 듣던 우제가 무언가를 깨달은 듯 끼어들었다.

"아, 그러면 국회 의원은 우리 반에 있는 대의원 같은 건가요? 우리가 학급 선거 때 임원을 뽑고, 우리 반의 임원들은 학교 전체 임원 회의 때 모여서 교칙을 결정하잖아요."

우제의 순발력이 빛났다. 선생님이 대답했다.

"우제가 잘 말했어요. 한 나라의 국회 의원은 학급의 임원과 같아요. 그렇기 때문에 여러분이 학급을 대표하는 임원을 잘 뽑아야 여러분에게 유리한 교칙을 만들 수 있어요."

법은 어떻게 만들어질까?

선생님의 설명을 듣고도 아이들은 이해가 될 듯 말 듯한 얼굴이었다. 투표를 한 번도 해 본 적이 없는 아이들에게 국민들의 투표로 뽑힌 국회 의원이 국민을 대신해서 법을 만들고, 그 법이 국민에게 적용된다는 사실은 조금 혼란스러웠다. 어떤 국회 의원을 뽑는지가 그렇게 중요한 일일까? 골똘히 생각에 잠겨 있던 찬솔이가 질문을 했다.

"그런데 어떤 국회 의원을 뽑느냐에 따라 실제로 법이 달라지는지, 또 그게 어떤 의미가 있는지 잘 모르겠어요. 저는 학급 임원 선거 때 그냥 저랑 친한 친구를 뽑았고, 선거 공약은 잘 듣지도 않았거든요. 그 친구가 전체 임원 회의에서 한 활동이 저랑 무슨 상관이 있는지도 모르겠고요."

찬솔이의 말에 영선이는 국회 의원 선거일에 투표를 하러 가야 한다며 아침 일찍 집을 나서던 부모님의 모습이 떠올랐다. 부모님은 '오늘은 아주 중요한 날'이라며 긴장한 표정이었고, 투표를 하고 와서도 밤늦게까지 개표 방송을 지켜보며 당신들이 지지하는 후보가 당선되기를 기대했다. 평소와 달리 무척 진지해 보이는 부모님의 모습을 보며 영선이는 '어서 자라서 나도 투표라는 걸 해 보고 싶다.'고 생각했었다.

선생님은 갸웃거리는 아이들을 바라보며 대답했다.

"찬솔이가 그렇게 생각하는 것도 무리는 아니에요. 초등학생인 여러분이 어떤 국회 의원을 뽑느냐에 따라 법이 어떻게 달라지는지를 느끼는 건 힘들지요. 선생님이 알기 쉽게 예를 들어 볼게요. 각자 원하는 규칙을 만들 수 있는 게임이 있다면 어떨까요? 누가 어떤 규칙을 만드느냐에 따라 게임의 승패가 달라지기 때문에 자신에게 유리한 규칙을 만들려고 할 거예요. 법을 만드는 것도 이와 같아요. 같은 목적을 지닌 집단을 '이익 집단'이라고 부르는데, 우리 사회의 여러 이익 집단들은 자신들의 이익에 유리한 법을 만들 수 있는 국회 의원 후보를 지지한답니다."

"반대로 자신들에게 불리한 법은 만들지 못하게 하겠네요?"

찬솔이가 이제야 감이 온다는 듯 고개를 끄덕이며 되물었다.

"물론이지요. 가끔 뉴스를 떠들썩하게 장식하는 파업이 바로 그런 노력의 예라고 할 수 있어요. 자신이 속한 집단에 불리한 법이 만들어지지 않도록 단체로 항의하는 거지요. 또 반대로 자신들에게 필요한 법을 새로 만들어야 한다고 주장하기도 하고요. 두 경우 모두 파업이라는 수단을 통해서 자신들의 의견을 분명하게 표현하려는 거예요."

이현이는 명절 때 할아버지 댁에 모여 이번 국회 의원 선거에서는 누구를 찍어야 한다며 열띤 토론을 벌이던 사촌 언니 오빠들을 떠올렸다. 투표로 선출된 국회 의원이 국민 모두에게 영향을 주는 법을 만드는 일을 한다고 생각하니 언니 오빠들이 밤늦도록 언성을 높이던 모습이 이해가 될 것 같았다.

법은 최소한의 도덕

"자, 이제 법을 누가 만드는지, 법이 어떻게 만들어지는지에 대해서는 조금 이해가 되었을 거예요. 지금부터는 법이 어디까지 국민을 통제할 수 있는지에 대해 생각해 보는 시간을 갖도록 할게요."

선생님은 뉴스 기사 한 토막을 아이들에게 보여 주었다.

"이 기사는 최근 술에 취한 사람이 도로에 쓰러져 있었는데 지나가던 행인들이 모두 모른 척하고 지나가자, 결국 그 사람은 추운 새벽에 체온이 떨어져 사망했다는 내용입니다. 여러분이라면 위급한 상황에 놓인 사람을 발견했을 때 도와줄 건가요, 아니면 그냥 지나쳐 갈 건가요? 자유롭게 의견을 말해 보세요."

"당연히 도와줘야 하는 거 아닌가요? 도움이 필요한 사람을 내버려 두고 가는 건 너무 나빠요!"

평소 성격이 급하고 다혈질인 우제가 대답했다. 아이들이 웬일이냐는 듯 작은 야유를 퍼붓자, 선생님이 나서서 아이들을 조용히 시켰다.

"우제 의견은 그렇군요. 이번엔 찬솔이가 말해 볼래요?"

"글쎄요……. 솔직히 저는 길에 사람이 쓰러져 있으면 무섭다는 생각부터 들 것 같아요. 요즘 세상이 워낙 위험하잖아요. 도와주려고 다가갔다가 그 사람이 갑자기 저한테 나쁜 짓을 하면 어떡하죠? 그냥 지나치면 양심의 가책을 느낄 것 같긴 한데, 그래도 무서워서 도와주긴 힘들 것 같아요. 제가 너무 나쁜가요?"

찬솔이의 말에 선생님은 미소를 지으며 고개를 끄덕거렸다.

"나쁘다니요. 절대 그렇지 않아요. 오히려 우제처럼 당연히 도와줘야 한다고 생각하는 사람이 더 드물 거예요. 찬솔이가 얘기한 대로, 누군가를 도와주는 문제는 개인의 양심에 달린 것이기 때문에 사람마다 다른 결정을 할 수 있어요. 그런데 만일 '누구나 위급한 상황에 처한 사람을 도와야 한다.'라는 법을 만들어서 개인의 도덕적인 선택을 강제한다면 어떤 일이 생길까요? 즉, 돕지 않으면 처벌을 받게 되는 것이지요. 찬솔이는 이런 법이 생기면 어떨 것 같나요?"

"하지만 선생님, 도와주기 싫은데 억지로 도와주게 하는 건 너무한 것 같아요. 제가 잘못해서 그 사람이 위험에 처한 것도 아니잖아요. 그런 법이 있다면 조금 억울할 것 같아요."

당황해하는 기색의 찬솔이가 말을 마치자, 우제가 정색하며 끼어들었다.

"하지만 그런 법이 없다면 저 뉴스 기사처럼 아무도 어려운 사람을 도우려고 하지 않을 거예요! 함께 사는 사회에서 서로 돕고 사는 건 당연한 거죠. 그리고 실제로 이런 법을 적용한 사례도 있다고 들었어요."

"착한 사마리아인의 법!"

잠자코 있던 나정이가 큰 소리로 외쳤다. 선생님께 눈빛으로 발언 기회를 얻은 나정이가 설명을 덧붙였다.

"예전에 텔레비전에서 본 기억이 나요. 영국의 다이애나 비가 교통사고를 당했을 때, 도와주지 않고 사진만 찍은 파파라치가 이 법에 의해서 처벌받았다는 내용을 본 적 있어요."

"그래요. 나정이가 잘 기억하고 있네요. 유럽의 많은 국가와 미국의 여러 주, 중국에서는 착한 사마리아인의 법을 제정해서 응급 상황에서 구조를 거부한 사람을 처벌하고 있어요. 우리나라는 착한 사마리아인의 법을 직접적으로 받아들이지는 않고 있어서 이에 대한 논의가 계속되고 있는 상황이랍니다. 여러분은 이에 대해 어떻게 생각하나요?"

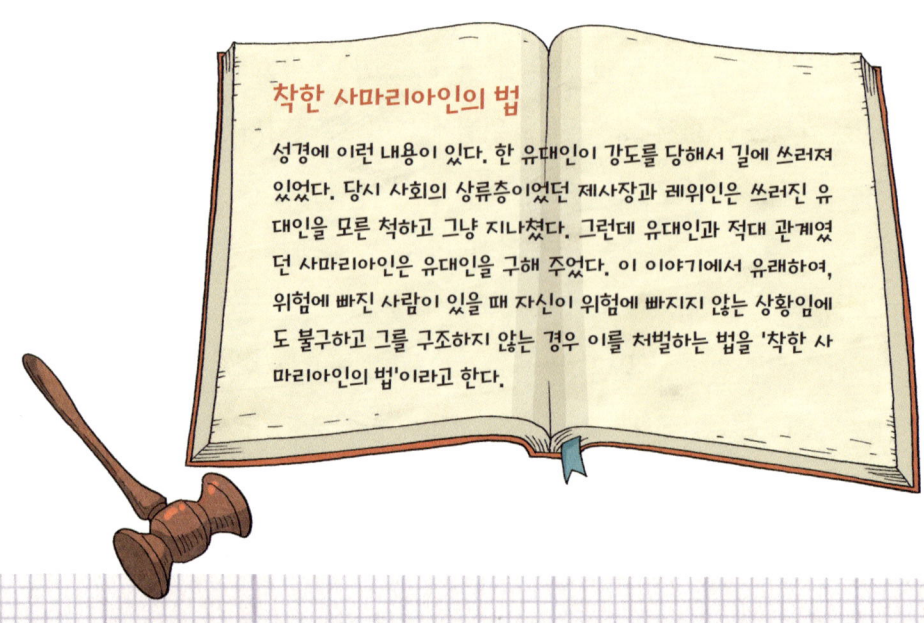

착한 사마리아인의 법

성경에 이런 내용이 있다. 한 유대인이 강도를 당해서 길에 쓰러져 있었다. 당시 사회의 상류층이었던 제사장과 레위인은 쓰러진 유대인을 모른 척하고 그냥 지나쳤다. 그런데 유대인과 적대 관계였던 사마리아인은 유대인을 구해 주었다. 이 이야기에서 유래하여, 위험에 빠진 사람이 있을 때 자신이 위험에 빠지지 않는 상황임에도 불구하고 그를 구조하지 않는 경우 이를 처벌하는 법을 '착한 사마리아인의 법'이라고 한다.

　선생님이 아이들에게 질문을 던졌다. 경서가 손을 들고 대답했다.
　"착한 사마리아인의 법은 결국 착하게 살라고 억지로 시키는 법 같습니다. 법이 착하고 나쁜 것을 구분할 수 있을까요? 저는 사람들을 착하게 만드는 게 법의 역할이라고 생각하지 않아요. 법이 도덕을 강요하게 되면 국민의 모든 행동이 법에 의해 통제돼서 행동 하나하나를 할 때마다 법을 신경 쓰게 될 것 같아요."

법으로 도덕을 강요하다니. 경서의 말이 조금은 어려웠는지 아이들은 고개를 갸웃거렸다. 하지만 선생님은 경서의 똑 부러진 대답에 흡족해 하며 말했다.

"경서의 지적이 아주 훌륭하네요. 착한 사마리아인의 법은 결국 법과 도덕의 관계에 대한 것이에요. 아까 얘기한 '법 없이도 살 사람'처럼 모든 사람들이 법 없이도 도덕을 지키며 산다면 참 좋을 거예요. 하지만 법이 없으면 사회가 혼란스러워질 수도 있으니 이때 법의 영역을 최소한으로 할 것이냐, 그 이상으로 할 것이냐에 대해서는 여러 가지 의견이 나올 수도 있답니다. 이에 대해서는 개인과 사회에 따라 다른 판단을 내릴 수 있으니 여러분 각자 어떤 판단을 내릴지 고민해 보도록 해요."

좋은 법이란 무엇일까?

선생님은 칠판으로 몸을 돌려 '법'이라는 글자 앞에 '좋은'이라는 말을 적었다.

"여러분은 지금까지 법이 어떻게 만들어지는지, 또 법은 어떤 내용을 담고 있는지에 대해 생각해 보는 시간을 가졌어요. 이제 어떤 법이 좋은 법인지에 대해서 함께 이야기해 보도록 해요. 우리 반을 예로 들어서 학급 내의 규칙을 우리 스스로 만들 수 있다고 가정할 때, 어떤 규칙이 좋은 규칙인지 생각해 보면 될 거예요. 자, 그럼 의견을 먼저 말해 볼 사람?"

이현이가 자신 있게 손을 들었다.

"법은 모두가 자유롭고 행복하게 살기 위해서 지켜야 할 약속들을 정해 놓은 규칙이기 때문에 몇몇 사람에게만 유리하게 적용되면 안 된다고 생각해요. 우리 반을 예로 들면, '수업 시간에 떠들면 안 된다.'는 규칙이 있는데 몇 명의 아이들만 떠들 수 있다고 예외를 두면 다른 아이들이 억울할 것 같아요. 예외를 두는 경우라면 모두가 인정하는 그럴 만한 이유가 있어야겠죠. 누가 몹시 아파서 도움을 요청해야 하는 경우처럼요."

이현이는 지난해 학급 반장을 맡았을 때, '반장은 급식을 먼저 먹는다.'는 규칙 아닌 규칙을 바꾼 것으로 유명했다. 반장이라는 이유로 다른 친구들보다 많은 혜택을 누리는 것은 옳지 않다고 느꼈기 때문이다. 이현이의 말이 끝나자마자 영선이가 기다렸다는 듯이 말을 이었다.

"저는 보다 많은 자유를 주는 법이 좋은 법이라고 생각해요. 모두가 자유롭게 사는 사회가 곧 바람직한 사회 아니겠어요? 무슨 일을 할 때마다 법에 어긋날까 봐 눈치 보고 조마조마해야 한다면 정말 불편할 것 같아요. 저희 언니는 바로 옆 중학교에 다니는데, 담임 선생님이 엄한 분이라 시험 기간에는 쉬는 시간에도 떠들지 못하게 한다고 들었어요."

"에이, 말도 안 돼. 어떻게 쉬는 시간에도 떠들지 못하게 할 수가 있어?"

찬솔이가 작게 중얼거렸다. 영선이는 찬솔이를 잠깐 째려봤지만 이내 신경 쓰지 않고 발언을 계속했다.

"그나마 쉬는 시간이 친구들과 수다를 떨면서 숨통을 트일 수 있는 시간인데, 그마저도 못 하게 하니 답답하고 숨이 막힌다고 하더라고요. 시험공부에 집중할 수 있는 분위기를 만드는 건 좋지만 쉬는 시간까지 자유를 빼앗는 건 지나친 간섭이라는 생각이 들었어요."

그때 반장인 경서가 입을 열었다. 경서는 평소에도 수업 시간에 잡담을 하는 친구들이 있으면 선생님이 지적하기도 전에 쪽지를 보내거나 눈짓으로 조용히 해 달라고 양해를 구하는 적이 많았다.

"제 생각은 영선이의 생각과 조금 다릅니다. 많은 자유가 주어질수록 사회 질서는 흐트러질 거예요. 학교 앞 횡단보도만 봐도 그래요. 아침마다 교통안전을 위해 봉사하는 분들이 없으면, 무단 횡단을 하거나 교통 신호를 어기는 사람들이 많아지지 않을까요?"

"맞아요. 특히 학교 앞 횡단보도는 교통 지도를 하는 사람이 있을 때랑 없을 때가 아주 딴판이에요."

나정이가 경서의 의견에 힘을 실어 주었다. 경서는 발언을 계속했다.

"저도 학급에서 학생들이 쉬는 시간까지 떠들지 못하게 하는 것은 지나친 간섭이라고 생각하지만, 그렇다고 해서 학생들에게 더 많은 자유를 주기 위해 수업 시간에 대화를 하거나 자리를 옮기는 것까지 허용하는 건 반대예요. 그러면 학급 분위기가 어수선해져서 학생들이 수업에 집중할 수 없을 거예요. 몇몇 학생들의 자유를 위해 그렇지 않은 나머지 학생들이 피해를 보는 일은 없어야 합니다."

역시 모범생다운 발언이었다. 선생님은 빙그레 웃으며 말했다.

"여러분 모두 좋은 의견을 내 주었어요. 학급 내 규칙만 가지고도 이렇게 여러 가지 의견이 나올 수 있답니다. 이처럼 법이 개인의 자유를 보장하기 위한 것인지, 자유를 제한해서 사회 질서를 유지하기 위한 것인지에 대한 생각은 각각 다를 수 있어요. 하지만 결국 그 두 가지는 동전의 양면과 같아요. 법이 있기에 사회 질서가 유지되는 한편, 때로는 법의 강력한 규제 탓에 개인의 자유가 침해되는 경우도 있으니까요."

이현이는 동전의 양면이라는 말에 감이 오는 듯했다. 자유를 누리는 것과 질서를 유지하는 것 모두 인간에게 꼭 필요한 것이라는 생각이 들었다.

"선생님, 그럼 선생님은 어떤 법이 '좋은 법'이라고 생각하세요?"

골똘히 생각에 잠겨 있던 나정이가 물었다.

"선생님이 앞서 말한 두 가지 측면이 어느 쪽에 치우침이 없이 잘 조화를 이룬 법이 곧 좋은 법이라고 할 수 있어요. 예를 들어 학급에서 학생들을 떠들지 못하게 하면 학생들의 말할 자유를 제한하는 대신 학급의 질서를 유지할 수 있을 거예요. 반대로 학급에서 떠드는 것을 허용하면 떠드는 학생들이 친구들과 이야기를 나눌 자유는 누릴 수 있겠지만, 다른 학생들이 그로 인해 피해를 보면서 학급의 질서가 무너지겠죠."

아이들이 고개를 끄덕이자 선생님이 다시 말을 이어 나갔다.

"이처럼 누군가의 자유를 제한하면 다른 누군가는 더 많은 자유를 누릴 수 있고, 누군가의 자유를 보장하면 다른 누군가는 자유를 빼앗기기도 합니다. 학급에는 이야기하는 것을 좋아하는 사람도 있고, 조용한 것을 좋아하는 사람도 있으니까요. 결국 여러분은 이야기하는 것을 좋아하는 사람들과 조용한 것을 좋아하는 사람들의 입장이 조화를 이룰 수 있는 중간의 그 어딘가를 찾아야 합니다. 양측의 토론과 합의가 필요한 부분이죠. 이런 토론을 거쳐서 '수업 시간에 떠드는 것은 금지하지만, 쉬는 시간에는 허용한다.'와 같은 합의가 나오는 것이지요."

 자유를 보장하는 것과 제한하는 것이 맞닿아 있다는 선생님의 말에 나정이는 무언가를 깨달은 느낌이었다. 학급의 규칙 하나를 정하는 데에도 합의점을 찾는 과정이 필요한데, 사회 전체를 다스리는 법을 만들 때는 얼마나 많은 토론과 합의가 필요할까?

선생님은 다음 토론을 기약하며 마무리 발언을 했다.

"민주주의 사회에서는 개인의 자유와 국가의 규제 중 어느 쪽을 우선할 것인지에 대하여 토론을 통해서 국민의 합의를 이루고, 이 합의에 따라 법을 만든다고 할 수 있어요. 우리에게 많은 토론이 필요한 이유이지요. 우리는 다음 시간부터 개인의 자유와 국가의 규제 중 어느 것이 우선되어야 하는지에 대해 주제별로 토론을 해 볼 거예요. 정해진 답이 있는 것이 아니기 때문에 여러분이 열심히 고민해 봐야 한답니다."

모의재판을 준비하는 첫 번째 시간은 이렇게 끝이 났다. 이현이는 오늘 수업 내용이 재미있기도 하고 한편으론 어렵기도 했다. 법에 대한 자신의 생각을 좀 더 정리해 봐야겠다고 다짐하며, 다음 시간을 기약하기로 했다.

2장
행복할 자유와 법

우리나라의 법 중에서 가장 높은 법은 헌법이야. 헌법은 국가가 국민의 인권을 보장해야 함을 분명히 밝히고 있어. 여러 법률들은 헌법 정신에 따라 제정되었단다. 특히 헌법 10조를 보면 '모든 국민은 인간으로서의 존엄과 가치를 가지며, 행복을 추구할 권리를 가진다.'라고 규정돼 있는데, 이러한 권리를 '행복 추구권'이라고 해.

하지만 행복을 추구할 권리가 있다고 해서 모든 권리를 무제한적으로 누릴 수 있는 건 아니야. 때로는 공공의 이익을 위해 개인의 자유를 제한하는 경우도 있거든. 헌법도 국민의 자유와 권리를 국가의 질서 유지, 공공의 이익 등을 위해 필요한 경우에 제한할 수 있다고 정하고 있지. 지금부터 국가가 국민의 행복 추구권을 제한하는 경우에 대해 살펴보자. 이러한 제한이 타당한지, 혹은 너무 지나친 것은 아닌지 함께 고민해 보도록 해.

'법보다 자유가 우선' 팀

우리 모두는 행복을 추구할 자유가 있어. 국가가 법으로 우리의 행동을 통제하는 것은 옳지 않아. 청소년들이 게임을 얼마나 오랫동안 할지는 스스로 결정할 수 있는데, 강제로 시간을 제한하는 건 좀 너무한 것 같아. 학교가 교복 입기를 강요하는 것도 마찬가지야. 교복을 입을지 사복을 입을지는 개인이 자율적으로 결정할 수 있는 문제거든. 대부분의 공공장소를 금연 구역으로 지정하는 것도 시민들이 담배를 피울 자유를 침해하기 때문에 지나친 제한이라고 생각해. 우리 사회가 보다 많은 자유를 허용할수록, 모두가 더 행복할 수 있을 거야.

'자유보다 법이 우선' 팀

개인의 자유는 더 큰 가치를 위해 제한할 수 있어. 청소년들이 새벽까지 게임에 빠져 있으면 건강도 상하고 성적도 떨어질 거야. 또 학생이 교복을 입지 않는다면 학생들은 유행하는 옷에 불필요한 관심을 쏟고 학생들 사이에 위화감도 생기게 되겠지. 흡연 문제도 마찬가지야. 국가가 흡연자들을 내버려 둔다면 흡연자들은 자신들의 건강을 해치는 것은 물론, 비흡연자들에게도 간접흡연으로 인한 피해를 주게 돼. 게임 중독에서 빠져나오거나 금연을 하는 등 개인의 힘으로 해결하기 어려운 영역은 국가가 개입해서 도와주는 것이 좋아. 결국은 모두의 이익을 위한 길이지.

행복할 자유와 법

쟁점 1.

셧다운제는 필요할까?
마음껏 게임할 자유 vs 게임 중독 예방

"우와, 조금만 더하면 잡을 것 같아!"

늦은 밤, 우제는 컴퓨터 앞에서 잔뜩 달아오른 얼굴로 소리를 질렀다. 지금은 온라인 게임에서 만난 수백 명의 친구들과 함께 거대 몬스터를 사냥하는 중. 우제는 온라인 커뮤니티에서 제법 유명한 전사로 이름을 날리고 있다. 우제는 공격 파트를 맡아 게이머들과 함께 힘을 합쳐 아이템을 획득하고 몬스터를 사냥한다.

우제는 어렸을 때부터 게임을 무척 좋아해서 장래 희망도 프로 게이머다. 페이커처럼 유명한 게이머가 되어 월드 챔피언십에서 우승하는 것이 우제의 목표. 게임이 없는 우제의 삶은 상상조차 할 수 없다.

우제가 한창 몬스터 사냥에 열을 올리고 있을 때, 엄마가 갑자기 방문을 열고 들어와 소리쳤다.

"얼른 끄고, 자! 열두 시까지만 하기로 약속했잖니?"

"아, 벌써 열두 시잖아!"

우제는 어쩔 수 없이 게임을 강제 종료하고 침대에 누웠다.

우제는 속상함이 밀려왔다. 함께 몬스터를 사냥 중이던 팀원들에게도 미안했다. 우제는 다음 토론 주제가 '행복할 자유와 법'이라는 것을 떠올리며, 다음 토론에서 오늘의 분을 풀어야겠다고 다짐했다.

두 번째 토론 시간이 시작되었다. 이번 토론은 행복할 자유를 제한하는 법에 대한 첫 번째 찬반 토론으로, 앞으로 세 차례에 걸쳐 이루어진다. 첫 번째 주제는 자유롭게 게임할 자유를 제한하는 법. 우제와 이현이, 영선이는 법보다 자유가 우선이라는 입장을, 경서와 찬솔이 그리고 나정이는 자유보다 법이 우선이라는 입장을 택했다.

"여러분. 일주일 동안 토론 주제에 대해 많이 생각해 보았나요? 오늘은 청소년의 게임 중독을 막기 위해 밤 열두 시부터 오전 여섯 시까지 만 16세 미만의 온라인 게임 접속을 차단했던 '셧다운제'에 대해 이야기할 거예요. 셧다운제는 자정이 되면 자동으로 게임이 종료된다고 해서 '신데렐라 법'이라고도 불렸고, 때문에 수많은 게이머들의 불만을 샀던 제도예요. 정부는 2021년 8월 25일 강제적 셧다운제를 폐지하고 대신 게임 시간 선택

제를 운용하겠다고 밝혔어요. 게임을 할 자유는 우리 헌법 10조가 보장하고 있는 행복을 추구할 자유에 속한다고 할 수 있어요. 하지만 게임 중독은 국가적으로도 큰 문제가 될 만큼 심각한 상황이지요. 게임 중독으로 인한 사건 사고는 뉴스의 단골 소재이기도 하고요. 이런 현실에서 여러분은 청소년들의 게임 시간을 제한하는 것에 대해 어떤 생각을 가지고 있는지 얘기해 볼까요?"

선생님의 발언이 끝나자마자 우제가 냉큼 손을 들었다. 게임 시간을 제한하는 것에 대해 하고 싶은 말이 많았던 모양이다.
　"저는 셧다운제를 폐지하는 것은 옳은 결정이었으며, 게임 시간을 제한하는 것은 불필요하다고 생각합니다. 법으로 게임을 할 자유까지 제한하다니, 이건 지나친 간섭이에요. 요즘 온라인 게임은 혼자 하는 게 아니라 여러 명이 팀을 이루어 하는데, 갑자기 접속이 차단되면 다른 사람들에게도 피해를 주게 됩니다. 셧다운제는 밤 열두 시부터 접속을 차단했습니다. 하지만 대부분의 학생들은 학원에 갔다 와서 숙제를 마치면 이미 밤 열두 시가 거의 다 되어 있어요. 사실상 게임을 할 수 있는 시간은 그때부터인데 말이에요."
　발언을 마친 우제는 만족스러운 표정이었다. 우제가 뿌듯해하며 자리에 앉자, 경서가 차분하게 손을 들었다.
　"저희 셧다운제 찬성 팀의 생각은 다릅니다. 우리나라의 온라인 게임 중독은 심각한 수준이에요. 연구에 따르면 게임에 중독되는 것도 뇌 질환의 일종이라고 해요. 실제로 게임에 중독된 사람과 마약에 중독된 사람의 뇌 구조가 비슷하다는 연구 결과도 있고요. 아무리 의지가 강한 사람이어도 중독성이 강한 마약을 접하면 끊기 어려운 것처럼, 게임 중독도 마찬가지예요. 이처럼 게임은 청소년들의 정신 건강을 크게 해칩니다."
　게임 중독을 마약 중독에 비유한 경서의 '센' 발언에 셧다운제 반대 팀은 긴장한 기색이 역력했다. 경서는 발언을 계속했다.
　"16세 이하의 청소년들이 중독성 강한 온라인 게임에 중독되면 공부할 시간이 줄어드는 건 물론이고, 자극적이고 폭력적인 화면에 익숙해져서 정서에도 좋지 않은 영향을 미칩니다. 국가적인 차원에서 미래의 인재인 청소년들이 나쁜 길로 빠지지 않도록 보호하고 관리하는 건 당연해요. 그런 의미에서 셧다운제가 필요하고요."

경서가 말하는 동안 속으로 '저런 애어른 같은 발언을 하다니…….' 하고 생각하던 우제가 발끈하며 나섰다.

"우리가 미래를 이끌어 갈 인재이기 때문에 국가의 관리를 받아야 한다는 건 말도 안 돼요. 어떤 인생을 살지는 우리 스스로 결정하는 거지, 국가가 정해 주는 게 아니잖아요? 만약에 게임 중독에 빠진다 해도 그것은 개인이 선택한 것이에요. 저는 무엇보다 법을 만든 어른들이 만 16세 이하의 청소년들이 스스로의 행동을 결정할 수 없다고 여기는 게 불만이에요. 대체 어떤 기준으로 그렇게 정한 거죠?"

"경서와 우제의 견해 차이가 분명하네요. 경서는 16세 이하의 청소년들이 국가의 보호와 관리를 받아야 한다고 보는 반면, 우제는 청소년들이 스스로 생각하고 행동할 수 있는 존재이므로 국가의 관리가 필요 없다고 보는군요."

우제와 경서의 발언이 팽팽히 맞서자 선생님이 잠시 개입했다.

"네. 그럼요. 밤에 게임을 하든, 공부를 하든 우리가 시간을 활용하는 방법은 우리가 결정할 수 있어요. 왜 우리의 취미 생활까지 나라에서 감시하죠? 게임을 하지 않는다고 해서 그 시간에 청소년들이 공부를 하거나 건강을 위해 잠을 잔다고 보기도 어려워요. 그리고 요즘 청소년들은 학원이 늦게 끝나는 경우가 많아서 밤 열두 시가 늦은 시간도 아니에요."

우제가 여전히 씩씩거리며 말했다. 이때 셧다운제에 찬성하는 나정이가 조심스레 입을 열었다.

"음……. 우제의 발언은 온라인 게임이 얼마나 위험한 것인지를 모르는 의견 같아요. 요즘 뉴스를 보면 게임 중독에 빠져서 어린 아들을 살해한 아버지나, 게임에서 상대 게이머와 시비가 붙어 오프라인상에서 주먹다짐을 한 폭력 사건, 게임 아이템을 사고파는 거래에서 발생하는 사기 등 게임과 관련된 범죄를 쉽게 접할 수 있습니다. 이처럼 온라인 게임은 멀쩡한 사람도 범죄자로 만들 수 있을 만큼 무시무시해요."

"나정이 말이 맞아요. 게임 중독에 빠지면 가상과 현실을 구분할 수 없어서 정상적인 생활을 할 수가 없어요. 또 게임 세계에선 진짜 내가 누군지 모르니까 이런 걸 이용해서 상대 게이머에게 욕을 하거나 금전적으로 사기를 치는 등 나쁜 짓을 할 수도 있고요. 그런데 이걸 단지 개인의 잘못이라고 할 수 있을까요? 저는 사회의 책임도 크다고 봐요. 국가가 나서서 게임 중독을 적극적으로 막아야 하는데, 그렇지 못해서 생겨난 문제니까요. 때문에 셧다운제는 청소년 보호를 위해 꼭 필요한 제도라고 생각합니다."

나정이의 발언에 찬솔이가 무게를 실어 주었다. 가만히 보고만 있을 반대 팀이 아니었다. 이번에는 반대 팀의 영선이가 나정이의 말에 반박하며 새로운 근거를 제시했다.

"나정이가 예로 든 사건들은 청소년이 저지른 게 아니에요. 성인이라고 해서 게임 중독이 안 되는 게 아닌 것처럼, 청소년이라고 해서 모두 게임 중독에 빠지는 건 아니라는 거죠. 이 사실만 보더라도 게임 중독은 나이와 상관이 없는데, 왜 유독 청소년들만 엄격하게 규제하는 건지 모르겠어요. 게임을 차단할 거면 성인도 밤 열두 시 이후에 게임을 못 하도록 해야 하는 거 아닌가요?"

"성인은 청소년과 달리 스스로의 행동에 책임을 질 수 있는 나이잖아요. 청소년은 아직 그런 판단을 하기는 어려워요."

영선이의 말에 앞서 16세 이하의 청소년들은 국가의 보호를 받는 게 당연하다고 주장했던 경서가 다시 한번 자신의 주장을 굳히는 발언을 했다. 그러자 영선이가 다른 측면에서 셧다운제를 공격하기 시작했다.

"셧다운제는 국가 정책 면에서도 바람직하지 않아요. 게임 콘텐츠 사업은 우리나라에서 가장 발전 가능성이 높은 사업 중 하나예요. 2020년 문화체육관광부에서 발표한 한국 문화 콘텐츠 수출액 현황을 보면 우리나라의 게임 수출액은 K-POP 수출액보다 열한 배나 더 많고, 이는 전체 문화 콘텐츠 수출액의 64퍼센트를 차지합니다. 이런 상황에서 청소년들이 게임을 못 하도록 막는 것은 미래 게임 산업의 발전을 막는 것과 같아요. 현재 정부는 게임 산업에 막대한 돈을 투자하며 게임 산업에 대한 인식을 긍정적으로 바꾸려고 하면서, 한편으론 게임을 엄격히 규제하는 이중적인 태도를 보이고 있어요. 이런 혼란은 게임 업계와 게임을 즐기는 사람들 모두에게 좋지 않은 영향을 준다고 생각해요. 게임을 즐기는 청소년 중에 장차 유명한 프로 게이머가 되어 우리나라의 이름을 전 세계에

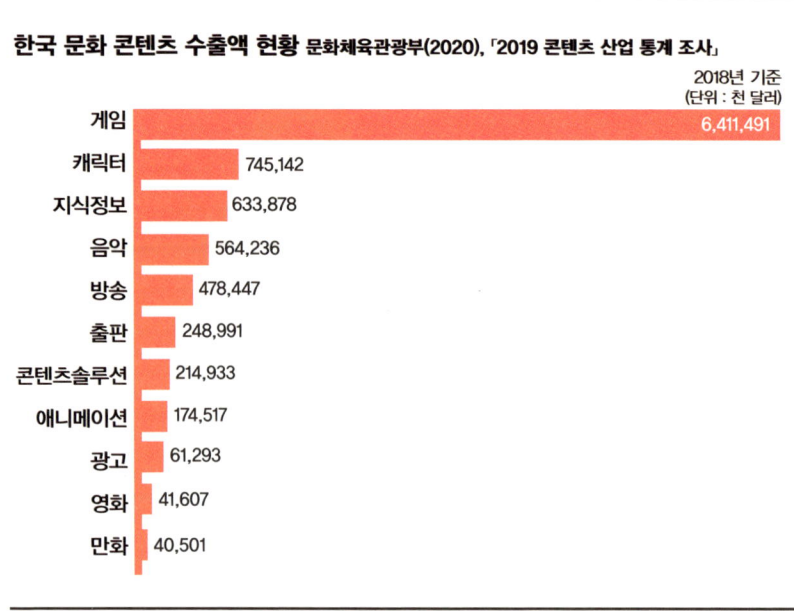

알릴 꿈나무도 있을 테니까요."

영선이의 발언이 끝나자 찬성 팀의 찬솔이가 의견을 냈다.

"음······. 저는 반대 팀의 의견처럼 청소년들이 게임이라는 취미를 통해 휴식을 취할 권리가 있다는 것에 대해서는 동의해요. 하지만 게임을 하는 청소년들이 스스로를 제어할 수 있다고 보진 않아요. 게임을 해 본 사람들은 알겠지만, 대부분의 온라인 게임은 한 번 시작하면 몇 시간씩 걸리도록 만들어져 있거든요. 특별한 규제가 없으면 청소년들은 게임 중독에서 벗어나기가 매우 어려울 거예요. 따라서 게임 중독을 막을 수 있는 장치가 필요한데, 국가에서 법으로 엄격히 제한하지 않으면 게임 업체나 게임을 즐기는 청소년들이 스스로 제어하기는 매우 힘들다는 거죠."

"왜 스스로 제어를 못 하죠? 전 게임을 하루에 두 시간 이상 안 하는데."

우제가 냉큼 말했다. 우제는 게임을 무척 좋아하는 만큼, 시간을 정해 놓고 게임을 하기로 부모님과 굳게 약속했었다. 좋아하는 걸 오랫동안 즐기기 위해 일종의 타협안을 찾은 셈이었다.

"단지 게임을 하는 시간을 규제하는 게 다가 아니에요. 게임 아이템을 현금으로 결제하는 것을 뜻하는 '현질' 문제를 예로 들어 볼게요. 어떤 게임들은 현질을 안 하면 아예 게임 자체를 못 해요. 초반에는 현질 없이도 게임을 할 수 있지만, 레벨이 올라갈수록 현질 없는 게임은 불가능해요. 게임 업체에서 게임을 개발할 때 다른 사용자가 현질로 획득한 아이템들을 실시간으로 볼 수 있게 해 놔서 사용자들 사이에 위화감을 조성하거든요. '나만 이 아이템이 없네?' 이런 생각으로 게임 사용자들은 어쩔 수 없이 현질을 하게 돼요. 현금 결제의 개념조차 잘 모르는 초등학생들도 이런 현질의 위험에 무분별하게 노출돼 있는데, 이런 문제를 어떻게 스스로 규제할 수 있나요?"

현질을 예로 들다니, 우제는 허가 찔린 느낌이었다. 하지만 여기서 주저앉을 순 없었다.

"글쎄요. 찬솔이의 말처럼 게임 중독에 대한 국가의 규제가 필요하다고 하더라도 저는 셧다운제가 눈 가리고 아웅 하는 형식적인 제도라고 생각해요. 그래서 폐지하는 것이 올바른 선택이었다고 보고요. 사촌 형들의 이야기를 들어 보니, 부모님 주민 등록 번호로 아이디를 한 개 더 만들어 부모님 아이디로 게임에 접속하기도 했대요. 사실 저도 다른 이유 때문이긴 하지만, 부모님 주민 등록 번호를 이용해서 아이디를 새로 만들까 고민한 적도 있고요. 이처럼 단지 게임을 즐기기 위해 법을 어기게 되는 경우가 종종 생기는데 어릴 때부터 법을 너무 쉽게 여기다 보면 어른이 된 다음에도 법을 중요하게 여기지 않을 것 같아요."

부모님 주민 등록 번호로 아이디를 만든다는 우제의 말에 찬솔이는 비밀을 들켜 당황한 듯 얼굴이 붉어졌다. 실은 얼마 전에 부모님 주민 등록 번호로 아이디를 만들어서 게임을 하다가 들켜서 혼난 적이 있기 때문이다.

이때 한동안 잠자코 있던 반대 팀의 이현이가 손을 들었다.

"저는 셧다운제가 왜 필요한지는 충분히 알겠어요. 하지만 지난 셧다운제의 방식처럼 강압적으로 접속을 끊는 건 좀 너무했던 것 같아요. 우리나라가 북한 같은 사회주의 국가도 아니고, 개인의 자유를 너무 많이 침해하는 것 같아서요. 게임을 시작한 뒤에 어느 정도 시간이 지나면 경고 알림을 주거나, 사용자가 스스로 게임 접속 차단 앱 등을 설치해서 게임 시간을 조절하도록 할 수도 있잖아요. 아무래도 셧다운제는 너무 심한 규제였어요."

토론을 지켜보던 선생님이 미소를 지으며 마무리 발언을 했다.

"네. 지금까지 잘 들었어요. 첫 번째 토론인데도 불구하고 모두 잘해 주어서 선생님이 흐뭇하네요. 셧다운제의 타당성 여부를 논할 때 가장

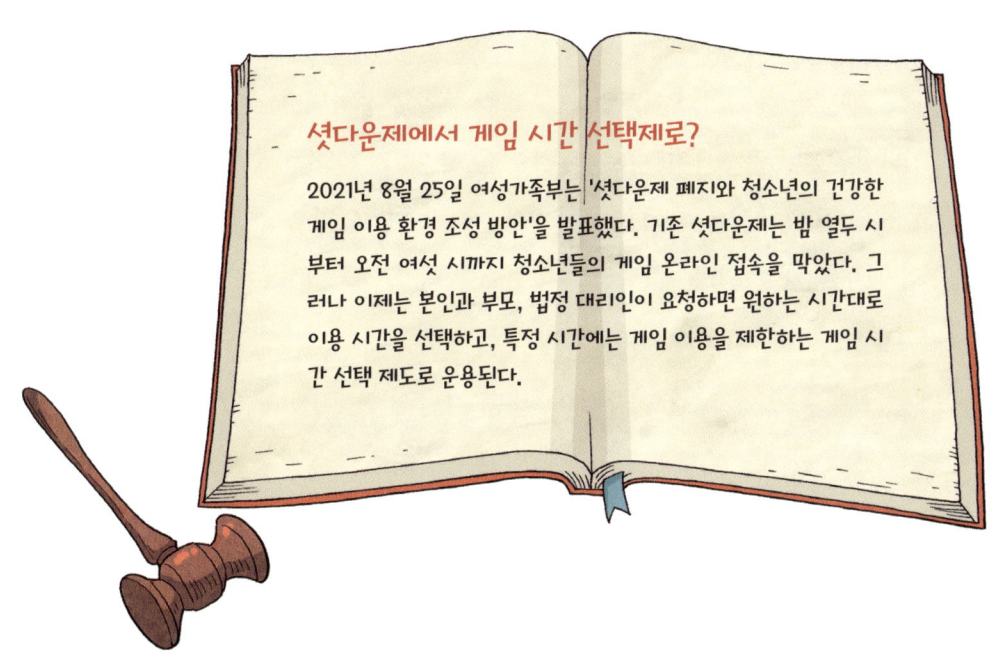

셧다운제에서 게임 시간 선택제로?

2021년 8월 25일 여성가족부는 '셧다운제 폐지와 청소년의 건강한 게임 이용 환경 조성 방안'을 발표했다. 기존 셧다운제는 밤 열두 시부터 오전 여섯 시까지 청소년들의 게임 온라인 접속을 막았다. 그러나 이제는 본인과 부모, 법정 대리인이 요청하면 원하는 시간대로 이용 시간을 선택하고, 특정 시간에는 게임 이용을 제한하는 게임 시간 선택 제도로 운용된다.

중요한 것은 미성년자가 자신의 행동을 스스로 선택할 자유를 국가가 제한하는 것이 옳은지에 대한 것이에요. 어떤 가치를 더 중요하게 생각하느냐에 따라 다른 의견이 있을 수 있겠지만, 누가 옳고 그르다고 말할 수는 없어요. 게임 중독 문제가 정말 심각한 건 사실이지만, 셧다운제 같은 강력한 규제보다는 부모님이나 선생님의 책임하에 가정이나 학교에서 관리하는 게 더 바람직하다고 볼 수도 있거든요. 우리도 게임 중독을 해결하기 위한 효과적인 방법에 대해서 계속 생각해 보기로 해요."

토론 수업이 끝난 뒤, 우제는 여느 때처럼 피시방으로 향할 수 없었다. 셧다운제에 대해 깊이 토론하고 나니 게임 중독이 얼마나 무서운 것인지 새삼 느껴졌기 때문이다.

'그래도 게임은 하고 싶은데……. 어떻게 하면 좋을까?'

우제는 속으로 곰곰이 생각하며 집으로 향했다. 한편으론 처음 해 본 토론이 생각보다 재미있고 흥미진진해서, 게임보다 토론에 중독될 것 같다는 생각이 들기도 했다.

'다음 토론도 오늘만큼 재미있겠지?'

우제는 토론 수업에 대한 기대감이 한층 커진 것을 느꼈다.

쟁점 2.

교복, 꼭 입어야 할까?
패션의 자유 vs 학생 관리

"아주머니, 치마 수선 다 됐나요?"

나정이는 세탁소에 들어가 맡겨 놓은 교복 치마를 찾았다. 중학교에 다니는 나정이의 언니가 나정이에게 줄인 교복 치마를 찾아와 달라고 부탁했기 때문이다. 언니네 학교의 교복은 치마가 너무 크고 길어서 교복이 예쁘지 않다는 여학생들의 불만이 많다. 많은 학생이 세탁소에서 교복 치마의 길이와 폭을 줄여서 입는다고 했다.

다음 날.

"나정아, 나 오늘 담임 선생님한테 혼났어."

언니가 울상을 지으며 나정이에게 하소연했다. 평소 엄격하기로 소문난 담임 선생님에게 교복 치마가 너무 짧다고 꾸중을 들었다는 것이다. 키가 크고 옷맵시가 좋아서 교내 패셔니스타로 불리는 언니는 입고 싶은 옷을 마음대로 못 입는 것도 억울한데, 교복을 몸에 맞게 줄여 입는 것도 안 되냐며 투덜거렸다.

"치마 길이가 너무 짧아서 그런 것 아니야?"

나정이의 심드렁한 말에 언니가 발끈했다.

"다들 이 정도 길이로 입어! 완전 미니스커트도 아니고 무릎 위로 살짝 올라간 정도인데 이게 뭐가 짧다고 그러니? 치마가 무릎에서 딱 떨어지면 종아리가 얼마나 굵어 보이는데……."

아직은 패션에 관심이 많지 않은 나정이는 학생이 학생다운 옷을 입는 건 당연한 게 아닌가 싶다가도, 입고 싶은 옷을 마음대로 입지 못하니 개인의 개성을 죽이는 것 같기도 했다. 나정이는 다음 토론 주제인 교복 자율화 문제가 남 일 같지 않게 느껴졌다.

오늘은 세 번째 토론이 있는 날이다. 나정이와 경서, 찬솔이는 교복을 입는 것에 찬성하는 입장에서, 우제와 이현, 영선이는 교복을 입는 것에 반대하는 입장에서 토론을 진행하기로 했다. 선생님이 들어왔다.

"자 여러분, 오늘 토론 준비도 잘해 왔겠죠? 오늘은 교복에 대해 얘기해 볼 거예요. 교복을 입는 게 타당한지, 아니면 교복 자율화가 좋은지 각자 입장을 정해서 토론해 보도록 해요. 여러분은 지금까지 교복을 입지 않았지만, 중학교에 가면 학교가 정해 놓은 교복을 입어야 할지도 몰라요. 또한 머리 염색을 제한하거나 액세서리 착용을 금지하는 등 다양한 규제도 있을 수 있습니다. '입고 싶은 옷을 입을 자유'는 헌법상 '행복할 자유'의 하나라고 볼 수 있어요. 여러분의 행동을 스스로 결정하고 하고 싶은 일을 할 자유인 것이지요. 이 문제에 대한 여러분의 생각이 궁금하네요. 그럼 교복에 찬성하는 팀부터 시작해 볼까요?"

찬성 팀의 리더, 경서가 앞장서서 발언을 시작했다. 평소 경서는 교복을 입는 중학생 형들을 동경해 왔다. 어서 중학교에 가서 교복을 입고 싶다고 생각한 적도 있었다.

"저는 교복이 필요하다고 생각합니다. 학교에 속한 학생으로서 사복을 입고 싶다고 주장하는 것은 학생으로서의 본분을 잊어버린 것 아닐까요? 다 같이 놀이공원으로 소풍을 갔을 때를 예로 들어 볼게요. 교복을 입으면 어느 학교 학생인지 알 수 있기 때문에 학생들 스스로 자신들의 몸가짐에 주의하게 됩니다. 교칙에 어긋나는 행동을 하고 싶어도 교복을 입은 학생이기 때문에 자신의 행동에 대한 책임감을 지니게 되는 거죠. 학교에서도 그만큼 학생들을 관리하기 쉽고요."

패션에 관심이 많은 교복 반대 팀의 영선이가 손을 들었다.

"경서가 방금 학생 관리를 위해 교복이 필요하다고 했는데, 저는 교복을 입는 게 학생 관리와 무슨 관련이 있는지 모르겠어요. 토론을 준비하면서 주변 중학교의 교칙에 대해 알아보니 복장과 두발에 대한 규제가 학교마다 많이 다르더라고요. 두발을 완전 자율화한 학교도 있고, 복장 또한 사복을 적절히 섞어서 입는 학교도 있었어요. 교복을 입지 않고 두발도 자율화한 학교의 학생들과 교복을 입고 두발도 엄격하게 규제하는 학교의 학생들이 서로 많이 다를까요? 저는 그렇게 생각하지 않아요. 저는 오히려 학교가 복장과 두발을 제한하는 것 자체가 정당한 이유가 없는, 학생을 기죽이기 위한 규제 같아요."

학생을 기죽이기 위한 규제라니? 찬성 팀의 찬솔이는 영선이의 강경한 어조에 다소 놀란 눈치였지만 지지 않고 반박했다.

"학생들의 패션의 자유가 그렇게 중요한 건가요? 저는 그렇게 생각하지 않습니다. 일단 패션에 과하게 관심을 쏟으면 그만큼 공부에 소홀하게 될 거예요. 그리고 사복을 입다 보면 아무래도 부모님의 경제적 능력에 따라 옷을 다르게 입게 되지 않을까요? 아직 학생이라서 부모님이 옷을 사 주셔야 하니까요. 특정 브랜드가 유행하면 그 브랜드를 입지 못하는 학생들은 위화감을 느끼게 될 거예요."

교복 찬성 팀에 속해 있기는 하지만 마음속으로는 어느 쪽이 옳은지 아직 결정하지 못한 나정이는 갈팡질팡하는 중이었다. 가난한 학생들이 위화감을 느낄 수 있다는 찬솔이의 말을 곰곰이 생각하던 나정이가 머뭇거리다 입을 열었다.

"저기……. 그런데 찬솔이의 의견은 오류가 있는 것 같아요. 저희 언니네 학교에서는 교복을 입지만, 그렇다고 해서 학생들이 위화감을 느끼지 않는 건 아니라고 들었어요. 오히려 교복 외에 다른 아이템으로 자신의 개성을 드러내려고 하기 때문에 비싼 운동화나 시계, 패딩 점퍼 등을 사기 위해 부모님께 무리한 요구를 한다고 하더라고요."

같은 팀 팀원에게 '태클'을 걸다니! 교복 찬성 팀의 나머지 팀원인 경서와 찬솔이의 얼굴에 당황한 기색이 역력했다.

"야! 나정이 너 지금 뭐 하는 거야? 너 교복 찬성 팀인 거 잊었어?"

찬솔이가 씩씩대며 소리를 질렀다. 나정이의 돌발 행동에 토론 매너는 잠시 잊은 듯했다.

"하지만 나는 교복을 입고 싶진 않아서……."

미안함에 풀이 죽은 나정이가 말끝을 흐리며 고개를 푹 숙였다. 선생님이 나설 차례였다.

"찬솔이처럼 토론 중에 끼어들어서 감정적인 대응을 하는 것은 좋은 태도가 아니에요. 특히 반말을 하거나 큰 소리를 내는 것은 예의에 어긋나는 행동이니 모두 주의하도록 합시다. 또 나정이처럼 자신의 진짜 생각과 자신이 토론 중에 취해야 하는 입장이 다를 수도 있어요. 이런 경우 최대한 객관적으로 사안을 바라보며 자신이 가진 주관을 개입하지 않도록 노력하는 게 좋습니다."

"네. 저도 모르게 그만……."

"나정이 같은 경우엔 자신이 기존에 지녔던 생각을 반박할 수 있는 새로운 주장을 떠올려 보는 것도 좋은 방법이에요. 나정이가 흥미로운 얘기를 해 주었지만 나정이가 한 얘기가 교복 찬성 팀에게 불리한 것은 사실이지요. 교복 찬성 팀에서 이 상황을 역전해 볼 사람이 있나요?"

어서 이 사태를 모면해야겠다고 생각한 경서가 서둘러 입을 열었다.

"저도 '등골 브레이커' 같은 얘기를 들은 기억이 납니다. 유행하는 패딩 점퍼가 너무 비싸서 생긴 별명이래요."

"등골 브레이커? 그게 무슨 뜻인가요?"

이현이가 고개를 저으며 물었다. '등골 브레이커'라는 말을 처음 들어 본 듯했다.

"아이들에게 6, 70만 원이나 하는 패딩 점퍼를 사 주려면 부모님 등골이 휜다고 해서 생긴 말입니다. 패딩 점퍼, 가방, 신발이 '3대 등골 브레이

커'로 불린다고 해요."

심각한 뜻이 담겨 있지만 왠지 웃긴 말이었다. 이현이는 고개를 숙이고 킥킥거렸다.

"발언이 중간에 끊겼는데, 저는 교복을 입기 때문에 등골 브레이커 같은 현상이 지금 정도에 머물고 있다고 생각합니다. 교복을 입는 지금도 비싼 패딩이나 신발 때문에 부모님 등골이 휠 지경인데, 교복을 입지 않으면 어떻게 될까요? 분명 이러한 문제는 더욱더 심해질 거예요. 교복 위에 입는 패딩뿐만 아니라 모든 옷이 친구들과의 비교 대상이 될 테니까요."

경서다운 명확한 발언이었다. 찬솔이는 경서가 나정이의 실수를 잘 무마하자 안도의 한숨이 절로 나왔다.

같은 팀끼리 싸우다니……. 교복 찬성 팀의 아웅다웅하는 모습에 회심의 미소를 짓고 있던 교복 반대 팀의 우제가 가볍게 치고 나갔다.

"전 경서 생각과 정반대예요. 학생들이 유행에 지나치게 민감한 것은 모두 똑같은 교복을 입고 있기 때문일 수 있어요. 개성을 보여 줄 수 있는 게 패딩밖에 없으니까 패딩에 계급을 매기는 것처럼 유치한 문화까지 생기는 거죠. 저희 누나도 고등학생인데, 싼 패딩을 입으면 친구들 사이에서 '왕따'가 될지도 모른다며 60만 원이 넘는 패딩을 사 달라고 부모님께 조르더라고요. 누나한테 물어보니까, 친구들과 같은 유행을 좇지 않으면 왠지 불안해서 그렇대요. 교복을 입지 않으면 각자 스타일과 형편에 맞는 옷차림을 택할 수 있기 때문에 심한 유행은 사라지지 않을까요?"

"교복 찬성 팀은 유행에 민감한 학생들이 교복을 입지 않게 되면 더욱더 유행을 좇게 될 거라고 주장했어요. 반면 교복 반대 팀은 학생들이 유행에 민감한 이유는 오히려 교복을 입기 때문에 개인의 개성을 드러낼 수 없어서라고 주장하고 있습니다. 자, 여기서 다른 의견을 말해 볼 사람?"

선생님이 중간 정리를 마치자 교복 반대 팀의 이현이가 새로운 주장을 펼쳤다.

"제가 교복에 반대하는 이유는 학생 스스로 결정할 수 있는 자유를 침해하기 때문이에요. 교복을 입는다 해도 학생들 스스로 입고 싶은 교복을 직접 결정하는 게 아니잖아요. 교복을 입을지 말지, 입는다면 어떤 디자인의 교복을 입을 것인지 투표를 통해 결정하면 좋을 텐데, 그렇지 않은 경우에는 학생들의 의견을 너무 무시하는 것 같아요."

평소 옷차림에 별 관심이 없는 찬솔이는 이현이의 주장에 동의할 수 없었다. 교복까지 투표를 해야 한다면 얼마나 귀찮을까? 찬솔이는 손을 번쩍 들고 말했다.

"그럼 매년 투표를 해야 하나요? 학생마다 취향도 체형도 제각각일 텐데 교복을 투표로 결정하게 되면 엄청나게 혼란스러운 상황이 발생할지도 몰라요. 어떤 교복을 입을지에만 신경 쓰다가 공부는 뒷전이 될 수도 있고요."

이때 방금 전 자신의 실수로 팀원들에게 미안해하고 있던 나정이가 슬그머니 손을 들었다. 엄마가 직장에서 돌아온 후 언니의 교복을 다리며 집안일이 많은데 그나마 언니가 교복을 입어서 참 다행이라고 했던 말이 떠올랐기 때문이다.

"제가 아까 얘기한 것처럼 교복을 입는다고 해서 학생들 간의 위화감 문제가 해결되지 않는 것은 사실이지만, 저는 편리한 게 가장 중요하다고 생각해서 교복을 입는 것이 바람직하다고 봐요. 교복 반대 팀에서도 교복을 입는 것이 사복을 입는 것보다 훨씬 편리하다는 사실을 부인할 수는 없을 거예요. 경제적으로도 그렇고요. 부모님 두 분이 다 일하는 맞벌이 집들이 많은데 학생들이 사복을 입게 되면 경제적인 부담은 물론이고 집안일도 훨씬 많아질 거예요."

나정이가 또 교복에 반대하는 발언을 할까 봐 노심초사하고 있던 경서와 찬솔이는 서로의 얼굴을 바라보며 다행이라는 표정을 지었다.

선생님이 양 팀의 토론을 정리했다.

"여러분의 주장을 모두 잘 들었어요. 여러분이 교복에 대해 어떤 의견을 가지고 학교와 어떤 합의를 이끌어 내는지에 따라 여러분은 교복을 입을 수도, 입지 않을 수도 있어요. 아까 이현이가 투표를 통해 교복을 결정하면 좋겠다는 얘기를 했는데, 실제로 최근에 학교에서 투표로 교복을 결정한 예가 있습니다. 여학생들이 바지 교복을 입게 된 것도 치마 교복이 불편하다는 여학생들의 의견을 반영한 결과였지요."

여학생이라고 해서 꼭 치마 교복만 입어야 하는 때가 있었다니, 이현이는 고개를 갸웃했다. 치마보다 바지를 더 좋아하는 이현이는 바지와 치마 중 무엇을 입을 것인지 자유롭게 선택할 수 없는 상황에 불만이 컸을 것이다.

"이처럼 중요한 것은 여러분의 권리와 자유에 제한이 가해졌을 때, 그 제한이 타당한 것인지에 대해 늘 문제의식을 가지고 생각해 보는 자세입니다. 타당하지 않다고 생각한다면, 개선할 수 있는 방법에 대해 생각해 보고 의견을 제시해서 현 상황을 바꾸도록 노력해야겠지요? 선생님이 늘 토론에 정답이 없다고 얘기하는 건 여러분이 마음껏 고민해도 된다는 얘기예요. 다음 시간에도 여러분이 많이 생각하고 고민한 흔적을 보여 주기를 바랍니다. 오늘 다들 수고했어요."

토론 수업을 마친 나정이는 학교 근처 떡볶이집에서 언니와 떡볶이를 먹기로 했다. 나정이는 오늘 있었던 토론 내용을 곱씹어 보았다. 나정이는 지금도 교복이 필요한 것인지 아닌지 확신이 들지 않았다. 그렇지만 교복을 입는다 하더라도 학생들이 참여해서 의견을 반영할 수 있다면 학생과 학교 모두 더 행복해질 거라는 생각이 들었다.

'빨리 언니한테 오늘 토론 내용을 말해 줘야지.'

나정이는 속으로 생각하며 떡볶이집을 향해 가는 발걸음을 재촉했다.

쟁점 3.

공공장소 흡연 규제는 타당할까?
담배를 피울 자유 vs 시민의 건강 보호

"아빠, 과자 좀 그만!"

영선이는 소파에 앉아 과자 봉지를 뜯는 아빠를 보며 소리쳤다.

"그, 그래. 요즘 자꾸 입이 심심해서 그만……."

아빠는 입맛을 다시며 아쉽다는 듯이 과자 봉지를 치웠다. 저녁 식사를 마친 지 얼마 되지도 않았는데, 그새 입이 심심해서 과자를 찾은 것이다.

영선이는 요새 아빠 때문에 걱정이 많다. 10년 이상 담배를 피워 온 아빠는 한 달 전 금연을 선언했다. 지난 몇 년간 유럽 파견 근무를 하던 아빠는 최근 한국에 돌아왔는데, 우리나라에선 흡연자가 설 자리가 없다며 투덜댔다. 흡연이 상대적으로 자유로운 유럽에 비해 한국에서는 금연 구역이 너무 많다는 것이다. 담배를 피우려면 멀리 나가야 하는 상황이 되니 회사 동료들도 모두 금연에 동참하는 분위기가 되었다고 한다.

영선이는 아빠가 더 이상 건강에 나쁜 담배를 피우지 않게 되어 정말 다행이라고 생각했지만, 정작 아빠는 갑작스러운 금연으로 인해 심각한 금단 증상에 시달리는 중이다. 매일 밤 과자를 찾는 것도 금단 증상 중 하나. 담배를 끊으면 건강이 좋아져야 하는데, 요즘 아빠는 매일 먹는 과자 때문인지 배가 더 나온 것 같다. 영선이는 오늘도 인터넷에 금단 증상을 검색하며 아빠를 도울 방법을 찾고 있는데, 쉽지 않은 일인 것 같아

한숨이 나왔다.

마침 다음 토론 수업의 주제는 공공장소의 흡연 규제 문제이다. 영선이는 흡연 규제에 반대하는 팀에 속해 있다. 영선이는 공공장소 흡연에 대한 다른 친구들의 생각이 궁금했다. 토론 시간엔 어떤 이야기가 오갈까?

네 번째 토론 시간이 찾아왔다. 공공장소에서의 흡연을 금지하는 것에 찬성하는 팀의 경서, 찬솔, 나정이와 공공장소에서의 흡연 금지에 반대하는 팀의 우제, 이현, 영선이는 팀별로 모여서 마무리 토론 준비를 하느라 토론 시간이 다 된 것도 모를 지경이었다.

"그런데 이번 토론 주제는 우리랑은 좀 동떨어진 것 같아."

이현이가 말했다.

"음 그건 그래. 나는 반대 팀에 속해 있지만 사실 공공장소에서 흡연을 하는 사람들이 너무 싫거든."

우제가 맞장구를 쳤다.

"요즘 우리 아빠는 금연을 하면서 많이 힘들어하고 계셔. 나는 아빠가 금연을 하는 것에 대찬성이지만, 한편으론 조금 안쓰럽기도 해. 담배가 삶의 낙인 사람들에게, 담배를 피우지 못하게 하는 건 정말 괴로운 일인 것 같더라고. 실내는 물론이고 공원이나 아파트 단지 같은 야외에서도 담배를 피울 수 없다며 투덜대는 아저씨들을 많이 봤어."

아빠의 금연으로 생각이 많아진 영선이가 말했다.

"우리는 아직 어려서 담배를 피우지 않으니까 흡연자들의 권리까지는 생각하기 힘든 게 사실이야. 그런 의미에서 이번 토론은 더 흥미진진할 것 같아! 반대 팀의 주장이 기대되는걸?"

찬성 팀의 경서가 눈을 반짝이며 말했다.

"모두 토론 준비를 열심히 하고 있네요. 토론 시작 전부터 분위기가 달아오른 게 느껴지는데요?"

아이들은 갑자기 들려온 선생님의 목소리에 깜짝 놀라며 각자의 자리로 돌아갔다.

"오늘 우리는 공공장소에서 금연을 강제하는 것이 타당한지에 대한 토론을 해 보려고 합니다. 우리 사회에는 흡연자와 비흡연자가 섞여 있어요. 지금은 상상하기 어렵지만, 여러분이 태어나던 무렵만 해도 버스 정류장이나 피시방, 만화방에서 담배를 피우는 흡연자 때문에 비흡연자가 얼굴을 찡그릴 일이 꽤 많았답니다. 심지어 음식점 안에서 담배를 피우는 사람들도 있었지요. 하지만 2012년부터 여러 사람이 함께 이용하는

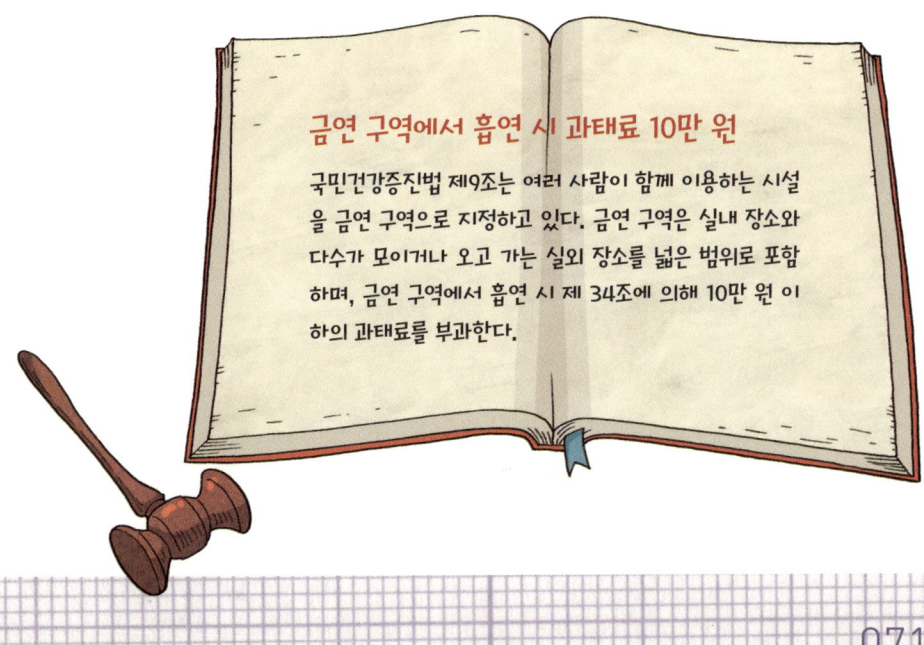

금연 구역에서 흡연 시 과태료 10만 원

국민건강증진법 제9조는 여러 사람이 함께 이용하는 시설을 금연 구역으로 지정하고 있다. 금연 구역은 실내 장소와 다수가 모이거나 오고 가는 실외 장소를 넓은 범위로 포함하며, 금연 구역에서 흡연 시 제 34조에 의해 10만 원 이하의 과태료를 부과한다.

시설을 금연 구역으로 지정하는 법을 시행하면서 상황이 급변했어요."

우제는 지난 여름 방학에 시골 할머니 댁에 놀러 갔다가 삼촌과 함께 오래된 만화방에 갔던 기억을 떠올렸다. 만화방 한구석에는 잔뜩 먼지가 쌓인 재떨이가 있었는데, 삼촌은 아주 오래전에 쓰이던 것이라고 말했었다.

"여러분은 그런 상황을 별로 눈여겨보진 않았을 거예요. 하지만 흡연자 입장에서는 담배를 피울 권리를 침해당한다고 볼 수 있지요. 담배는 기호 식품에 속하는 것으로, 담배를 피우는 것은 행복을 추구할 권리에 포함된다고 할 수 있어요. 때문에 공공장소 금연 구역을 둘러싼 흡연자와 비흡연자의 의견이 팽팽히 맞서고 있는 상황입니다. 둘 중 어느 쪽의 손을 들어 주어야 하는지, 과연 적정한 타협점은 존재하는 것인지 함께 토론해 봅시다."

공공장소에서 흡연을 규제하는 것에 찬성하는 팀의 경서가 먼저 손을 들었다. 경서는 다른 사람에게 피해를 주지 않는 것을 생활의 기본 원칙으로 삼고 있기 때문에, 평소에도 길거리에서 담배를 피우는 사람들을 좋지 않게 생각해 왔다.

"저는 공공장소에서의 금연은 당연하다고 생각합니다. 거리를 걷는데 앞에서 담배를 피우는 사람이 있다면, 담배 연기를 들이마셔야 합니다. 버스 정류장을 금연 구역으로 지정하기 전에는 버스를 기다리면서 담배 연기를 마셔야 하는 때가 많았다고 해요. 금연 구역이 된 이후에도 한동안 이를 지키지 않고 담배를 피우는 사람들도 있었다고 하고요. 그런데

담배를 피울지 말지가 개인의 선택이라고 해도, 타인에게 피해를 주는 자유마저 인정되는 것은 아니잖아요? 저는 비흡연자가 다른 사람이 피우는 담배 때문에 고통받는 것은 부당하다고 생각해요."

공공장소 흡연 규제에 반대하는 팀에서는 영선이가 반박에 나섰다. 오랫동안 피워 오던 담배를 끊는 일이 생각보다 힘들다며 낙담하던 아빠의 지친 얼굴이 스쳐 지나갔다.

"공공장소에서 담배를 피운다고 해서 반드시 다른 사람에게 피해를 주는 것은 아니에요. 공공장소라 하더라도 사람이 없는 장소에 혼자 있거나 같은 흡연자끼리 담배를 함께 피우는 경우도 있으니까요. 공공장소를 금연 구역으로 지정하면 이런 경우라도 무조건 담배를 피우면 안 되는 것이니 지나친 규제 같아요. 담배를 피우지 않는 사람과 함께 있을 때 그 사람을 배려해서 담배를 피우지 않는 것은 개인의 시민 의식에 맡겨야 할 문제이지 법으로 강요할 순 없는 문제니까요."

"찬성 팀은 비흡연자의 권리를 위해 흡연자의 권리를 제한해야 한다고 주장했어요. 반면 반대 팀은 흡연자의 담배 피울 권리를 법으로 규제할 수 없다고 주장했습니다. 좀 더 토론을 해 볼까요?"

선생님의 말이 끝나자마자 찬성 팀의 나정이가 나서서 영선의 말에 반박했다.

"영선이의 주장은 뭐랄까, 지나치게 이상적인 것 같아요. 공공장소는 평소에 많은 사람이 이용하는 곳이에요. 작은 공원의 벤치에서 주변에 사람이 없는 것을 확인한 흡연자가 담배를 피우기 시작했는데, 비흡연자가 이후에 그곳에 도착해서 흡연자가 담배를 피우는 걸 본다면 기분이 어떨까요? 아마 벤치에서 앉아서 쉬고 싶은 생각이 싹 달아날 거예요."

나정이가 사는 아파트는 금연 아파트였지만 아파트 벤치 주변에는 아직도 종종 담배꽁초가 버려져 있었다. 나정이는 경비 아저씨가 담배꽁초를 치우며 투덜거리던 모습이 떠올랐다.

"제가 사는 아파트가 금연 아파트가 되기 전에는 단지 내에 아저씨들이 담배를 피우는 장소가 있었어요. 그 아저씨들이 처음에는 사람이 잘 오지 않는 곳에서 담배를 피웠겠지만, 나중에는 그 주변만 가도 담배 냄새가 지독해서 주민들이 피하는 장소가 되었어요. 다른 사람에게 피해를 주지 않았다고 말할 수는 없는 거죠."

찬성 팀의 찬솔이도 나정이를 도와 영선이의 의견에 반대 의견을 제시했다.

"저도 한마디 하겠습니다. 영선이는 아까 흡연 문제를 시민 의식에 맡겨야 한다고 했는데, 시민 의식에 맡겨선 안 되니까 처벌하겠다는 것 아닌가요? 음식점이나 피시방, 만화방, 당구장이 만일 금연 구역이 아니라면 어떻게 될까요? 가게 주인들은 더 많은 손님을 받아야 이득이기 때문에 흡연 손님을 거절하지 않을 거예요. 금연 구역과 흡연 구역을 나누어 따로 관리할 수도 있겠지만 시설 추가 비용이 들기 때문에 영세한 가게에는 기대하기 어렵겠죠. 결국 법으로 금연 구역을 정해 놓고 이를 어기면 과태료를 내도록 강제하지 않는 한, 시민 의식만으로 해결할 수 있는 문제는 아니에요."

반대 팀의 우제가 나섰다.

"그럼 담배를 피우고 싶은 사람들은 어디에서 피우나요? 저도 담배를 싫어하고, 담배 연기나 냄새를 좋아하는 사람은 아마 없을 거예요. 하지만 그렇다고 하더라도 담배를 피울지 말지 선택할 개인의 자유를 빼앗는 것이나 다름없는 제도는 잘못된 것 같아요. 만일 흡연을 규제하는 제도가 필요하다면 최소한에 그쳐야 마땅한데, 지금의 규제는 너무 심해서 흡연자들의 권리는 전혀 보장되고 있지 않아요. 제가 사는 아파트에서는 흡연자들이 베란다에서 담배를 피워서 주민들 사이에 다툼이 생긴 적이 있었어요. 베란다는 공공장소가 아니라 개인이 사적으로 이용하는 공간이기 때문에 법적으로 흡연을 금지하는 곳은 아니라고 하더라고요. 하지만 창문을 통해 담배 연기가 이웃집에 들어가기 때문에 이웃에서 항의한 것이죠. 이웃의 입장도 이해가 안 되는 건 아니지만, 그렇다고 해서 자기 집에서조차 편하게 담배를 피우지 못한다면 부당한 것 같아요."

찬성 팀의 나정이가 다시 발언에 나섰다. 나정이는 담배를 피우는 건 개인의 자유라고 하지만, 평소 몸에 나쁜 담배를 끊지 못하는 어른들을 보며 의아했었다. 대체 왜 몸에 나쁜 담배를 끊지 못하는 걸까?

"흡연이 무엇보다 큰 피해를 주는 것은 시민의 건강입니다. 담배를 피우는 사람 자신의 건강이 상하는 건 물론이고, 간접흡연으로 인한 피해도 정말 심각해요. 여성이 폐암이 걸리는 이유 중 큰 비중을 차지하는 게 남편의 흡연으로 인한 간접흡연 때문이라는 연구 결과도 있고요. 간접흡연이 직접 흡연 못지않게 나쁘다는 건 잘 알려진 사실이에요. 흡연자들에게 타인의 건강을 침해할 권리는 없어요. 게다가 흡연자들이 가끔씩 무심히 버리곤 하는 담배꽁초는 사람을 다치게 하거나 불이 날 수도 있어서 위험하기도 하고요."

이번엔 반대 팀의 이현이가 반박할 차례였다.

"그건 흡연 구역을 따로 두면 해결할 수 있는 문제예요. 저는 금연 구역을 지정하려면 흡연 구역도 함께 많이 만들어야 공평하다고 생각해요.

예를 들어 폐쇄된 흡연실에서는 타인에게 피해를 주지 않고 담배를 피울 수 있는데, 이런 조치를 취하지도 않은 채 무조건 담배를 피우지 말라고 하는 건 지나치다고 봐요. 담배가 건강에 해로운 건 사실이지만, 우리 중에는 건강에 안 좋은 과자나 탄산음료를 좋아하는 사람들도 있지요. 결국 개인의 취향과 선택이잖아요. 담배가 정말 오래된 습관이라서 쉽게 끊을 수 없는 사람들도 있고요."

이현이의 말에 수긍하며 고개를 끄덕이던 영선이도 손을 들었다. 갑작스런 금연으로 힘들어하던 아빠에게 들었던 이야기가 떠올랐기 때문이다.

"저는 한편으로 금연 구역을 너무 엄격하게 적용하고 있다고 생각해요. 요즘은 일반 담배가 아니라 전자 담배도 많이 피우잖아요. 일반 담배보다 냄새도 덜하다고 하고요. 그런데 담배 사업법 상 담뱃잎을 이용해 추출한 용액을 사용하는 전자 담배는 일반 담배와 같다고 본대요. 그래서 이 경우에는 전자 담배도 금연 구역에서 피울 수가 없다고 하더라고요. 우리 아빠는 금연을 위해 전자 담배를 이용하려고 했는데, 금연 구역에서 전자 담배도 피우지 못하니 더 힘들다고 해요. 전자 담배는 일반 담배와 다르게 취급해야 하는 게 아닐까요?"

이번에는 찬솔이가 의아하다는 표정으로 끼어들었다.

"전자 담배를 금연 목적으로 이용하려는 사람들 입장에서는 조금 억울할 수도 있을 것 같긴 한데요. 그래도 금연 구역 지정은 비흡연자가 흡연자의 흡연으로 인해 피해받는 것을 방지하기 위한 것이잖아요? 담뱃잎을 사용한 전자 담배라면 전자 담배라 할지라도 니코틴 등 일반 담배가 갖고 있는 유해성이 있다는 것이고요. 저는 전자 담배에 일반 담배와 같은 규정을 적용하는 것은 정당하다고 봐요. 또 금연 구역을 지정한다고 해서 담배를 절대 피우지 못하게 하는 것이 아니라, 단지 그 구역에서 피우지 말라는 것이에요. 저는 이게 과도한 제한은 아니라고 생각해요. 담배를 피우고 싶다면 조금 불편하더라도 금연 구역이 아닌, 흡연 구역에 가서 피우면 되는 거 아닐까요?"

생각에 잠겨 있던 이현이가 다시 손을 들었다.

"만일 담배를 피울 자유를 침해해야 한다면, 최소한 그 제한에 일관성이 있어야 하는 거 아닌가요? 제가 조사한 바로는 각 지방 자치 단체마다 금연 구역에서 담배를 피우면 과태료를 다르게 정할 수 있다고 해요. 서울에서 담배를 피우느냐, 부산에서 담배를 피우느냐에 따라 과태료가 다를 수 있다는 거지요. 흡연자 입장에서는 여러모로 억울할 것 같습니다."

토론을 마무리할 시간이 다가오자 선생님이 시계를 보며 정리에 나섰다.

"여러분의 의견 잘 들어 보았어요. 담배를 피울 자유가 담배를 피우지 않는 시민들의 자유와 충돌할 때 어떤 자유를 우선할 것인지, 두 입장이 조화를 이룰 수 있는 해결책은 없는지 앞으로도 계속 생각해 보아야 할 문제인 것 같네요. 금연 구역이 점점 늘어남에 따라 흡연자의 권리를 지키기 위한 여러 대안들이 마련되고 있습니다. 아까 이현이가 지적한 것처럼 금연 구역에는 흡연실 설치를 의무화해야 한다는 법안이 실제로 발의되었고, 기존에 흡연실이 설치되었다 하더라도 규모가 너무 작고 환기가 잘 되지 않는 문제점이 지적되었기 때문에 그에 대한 해결 방안도 논의 중에 있습니다. 현재는 흡연자의 흡연을 할 권리와 비흡연자의 간접흡연을 피할 권리가 조화를 이룰 수 있는 방법을 찾아가는 과정이라고 할 수 있어요."

선생님은 방긋 웃으며 아이들을 바라보다 교탁을 가볍게 두드렸다.

"자, 우리는 지금까지 국가가 국민의 행복 추구권을 제한하는 경우에 대해 살펴보고 토론해 보았어요. 찬성 팀과 반대 팀 모두 상대 팀의 의견을 들으며 어떤 생각이 들었나요? 찬성 팀의 경서와 반대 팀의 이현이가 대표로 말해 볼까요?"

이현이가 주저하는 사이 경서가 먼저 씩씩하게 대답했다.

"처음에는 반대 팀의 주장이 이해가 되지 않았는데, 토론을 진행하다 보니 반대 팀의 주장도 일리가 있다는 생각이 들었어요. 저희 찬성 팀은 행복을 추구할 권리가 인간이 인간답게 살기 위한 기본적인 권리라는 점을 생각하지 못하고 지나치게 제한하려는 경향이 있었던 것 같습니다."

이현이는 경서의 친절한 대답에 미소가 절로 나왔다.

"저희도 찬성 팀의 의견을 들어 보니 비흡연자의 권리와 자유를 많이 배려하지 못한 것 같아요. '법보다 자유가 우선'이라는 입장을 대변하면서 개인의 자유로 인해 피해를 보는 다른 사람들의 자유는 미처 생각을 하지 못했네요. 모든 자유에는 그만큼 책임이 따르는 법인데 말이에요."

토론의 여파로 얼굴이 상기되었던 아이들은 모두 긴장했던 마음을 풀고 기분 좋게 웃었다.

"양 팀 모두 상대방 의견을 아주 긍정적으로 받아들였군요. 이처럼 토론은 다투기 위한 것이 아니라, 자신과 다른 의견을 이해하는 계기가 되기도 한답니다. 여러분이 토론이 무엇인지 잘 이해하고 있는 것 같아 선생님도 무척 기쁘고 뿌듯하네요. 그럼 오늘 토론은 이만 마치도록 하고 다음 시간에 만나도록 해요."

영선이는 토론을 마치고 집에 돌아오는 길에 슈퍼에 들러서 아빠를 위한 금연 사탕을 샀다. 설탕이 적게 들어가서 건강에 나쁘지 않을 거란 생각이 들었기 때문이다. 아빠가 금연에 완전히 성공해서 건강도 회복하고 밝은 얼굴을 되찾았으면 하는 바람을 가져 보았다.

영선이가 어른이 되었을 때도 흡연자와 비흡연자들은 서로의 입장을 내세우며 여전히 싸우고 있을까? 한쪽이 승리할지, 아니면 서로 조화를 이루며 살아가는 방법을 찾게 될지 궁금해졌다. 영선이는 아빠가 회사에서 돌아오면 아빠 회사 동료분들은 흡연 규제에 대해 어떻게 생각하는지 물어봐야겠다고 생각했다.

함께 정리해 보기
행복할 자유와 법에 대한 쟁점

법보다 자유가 우선	논쟁이 되는 문제	자유보다 법이 우선
열두 시 이후에 게임을 하는 것은 개인의 자유이므로, 셧다운제는 불필요하다.	셧다운제는 필요할까?	우리나라의 온라인 게임 중독은 심각한 문제이므로 청소년들이 열두 시 이후에 게임을 하지 못하도록 셧다운제가 필요하다.
학생들은 자신이 어떤 옷을 입을지 마음대로 결정할 자유가 있으므로 교복은 자율화해야 한다.	교복, 꼭 입어야 할까?	교복은 학생들의 옷에 대한 불필요한 관심을 막고 공부에 집중할 수 있도록 도와주므로 교복은 반드시 필요하다.
누구나 자유롭게 담배를 피울 권리가 있으므로 공공장소에서 흡연을 규제하는 것은 타당하지 않다.	공공장소 흡연 규제는 타당할까?	스스로의 건강을 해치고 비흡연자에게 간접흡연으로 인한 피해를 주므로 공공장소에서 흡연을 규제하는 것은 타당하다.

ABC# 3장
표현의 자유와 법

우리 헌법 21조에는 '모든 국민은 언론·출판의 자유와 집회·결사의 자유를 가진다.'라는 내용이 있어. 이를 포괄적으로 '표현의 자유'라고 해. 표현의 자유 중 하나인 언론의 자유를 보장하지 않아서 국민들이 텔레비전 뉴스와 신문, 인터넷을 통해 정부가 무슨 일을 하는지 알 수 없다고 생각해 봐. 국민은 더 이상 나라의 주인이 아니라 통치당하는 자에 불과하게 되겠지. 하지만 표현의 자유를 제한 없이 보장한다면 어떻게 될까? 지나치게 잔인하고 선정적인 장면이 어린아이들이 보는 프로그램에 나오거나 유언비어와 거짓 정보가 인터넷을 달구며 국민들을 혼란스럽게 할지도 몰라. 지금부터 표현의 자유가 제한되는 사례에 대해 토론하며 이러한 제한이 타당한 것인지 함께 생각해 보자.

'법보다 자유가 우선' 팀

이현   영선   우제

우리는 스스로의 의견을 자유롭게 표현할 자유가 있어. 민주주의 국가의 국민이라면 정치적으로 민감한 사항에 대해서도 목소리를 낼 수 있어야 하고, 다른 사람들의 의견도 자유롭게 접할 수 있어야 해. 평화적으로 진행되는 촛불 집회 참가자를 연행하는 것을 옳다고 할 수 있을까? 낙선 운동 또한 후보자에 대한 자신의 의견을 표현하는 것일 뿐인데 왜 금지하는지 모르겠어. 방송 통신 심의 위원회의 방송 심의도 마찬가지야. 국가가 명확한 기준 없이 우리에게 유익한 정보와 해로운 정보를 판단하는 것은 옳지 않아.

'자유보다 법이 우선' 팀

경서 나정 찬솔

국가가 촛불 집회를 제한하는 것은 촛불 집회가 다른 국민들에게 피해를 주고, 국가 질서를 혼란스럽게 만들 수도 있기 때문이야. 방송 통신 심의 위원회가 자극적이고 흥미 위주인 방송에 제재를 가하는 것도 국민들을 유해한 매체로부터 보호하기 위한 것이지. 낙선 운동 또한 특정 후보에 대한 일방적인 비방 위주로 흘러가서 선거 문화를 흐릴 우려가 있기 때문에 금지하는 게 마땅해. 국가는 질서를 유지하고 건전한 문화를 만들어 나갈 책임이 있기 때문에 표현의 자유를 어느 정도 제한할 수밖에 없는 거야.

표현의 자유와 법

쟁점 1.

촛불 집회 제한은 타당할까?
집회의 자유 vs 국가 질서 유지

경서는 발을 동동 굴렀다. 너무 어두워지기 전에 집에 들어가려면 서둘러야 하는데, 촛불을 든 사람들로 가득 찬 거리는 지나가기가 쉽지 않았다.

여기는 서초동 사거리. 오랜만에 이모 집에 놀러 갔다가 돌아가는 길이었다. 이모가 집까지 데려다준다는 것을, 이제 자신도 다 컸다며 혼자 갈 수 있다고 큰소리 쳤던 게 후회되었다.

'엄마가 걱정하실 텐데, 어쩌지. 전화라도 해야 하는데……. 휴대 전화

배터리도 없고, 큰일 났다.'

때마침 휴대 전화의 배터리도 다 되어서, 경서는 마음이 더 무겁고 초조했다.

마이크를 잡은 사람들이 외치는 구호로 주변이 더 시끄러웠다. 경서는 손으로 귀를 막고 사람들을 이리저리 피했다.

'이럴 줄 알았으면 다른 길로 갈걸…….'

경서는 발걸음을 재촉하며 몇 년 전 텔레비전에서 보았던 서울광장을 떠올렸다. 그때도 무슨 이유였는지는 몰랐지만, 촛불을 든 사람들이 거리를 가득 메워 환하게 어둠을 밝히고 있었다.

엄마의 오래된 사진첩에서도 젊은 시절의 엄마가 다른 사람들과 함께 촛불을 들고 거리를 걸어가는 사진을 본 적이 있었다. 엄마 옆에는 방패를 든 경찰들이 길을 막아서고 있어서, 사진을 처음 본 경서는 엄마가 큰 잘못을 한 것인지 어리둥절했었다.

대체 어른들은 왜 촛불을 들고, 경찰들은 왜 촛불을 막으려고 했던 걸까?

오늘은 표현의 자유에 대한 토론이 시작되는 날이다. 선생님은 그 첫 번째 주제를 촛불 집회로 정했다. 촛불 집회를 법으로 제한해야 하는지가 오늘 토론의 주제이다.

시민들의 촛불 집회를 국가가 법으로 제한해야 하는 것일까?

촛불 집회 제한에 찬성하는 팀은 경서, 나정, 찬솔이, 촛불 집회 제한에 반대하는 팀은 이현, 영선, 우제가 맡았다.

"너희는 촛불 집회에 가 본 적 있어?"

우제가 초코바를 우물거리며 말했다.

"아니, 뉴스에서만 봤지. 실제로 가 본 적은 없어."

시사 문제에 관심이 많은 나정이도 많은 사람과 경찰들이 모이는 촛불 집회에 참여하기는 조금 무서웠나 보다.

"그런데 주제가 우리랑 좀 동떨어진 것 같지 않아? 지난번 공공장소 흡연 규제 문제처럼 말이야. 난 평소에 관심 있게 봤던 주제가 아니라서 자료를 찾느라 혼났어."

촛불 집회에 관련된 자료를 찾느라 밤을 꼴딱 새운 찬솔이가 조금 툴툴거리며 말했다.

"글쎄……. 난 얼마 전에 서초동에서 촛불 집회를 하는 사람들을 본 적이 있어. 실제로 보니까 조금 무섭기도 했는데, 집에 와서 더 생각해 보니 무엇이 사람들로 하여금 거리로 나와 촛불을 들게 만든 걸까 하고 궁금해지더라."

경서가 담담하게 말했다.

영선이도 뭔가 할 말이 있는 것처럼 보였지만, 토론 시간을 위해 말을 아끼는 듯했다.

곧이어 선생님이 들어오고 수업이 시작되었다.

"오늘부터 우리는 표현의 자유에 대한 토론을 시작해 보려고 합니다. 표현의 자유는 자신의 의견을 대외적으로 표현할 수 있는 자유를 의미해요. 어떤 사안에 대한 의견을 혼자서 표현할 수도 있지만 여러 명이 모이거나 단체를 이루어 집단으로 의견을 표현할 수도 있겠지요? 그래서 표현의 자유는 일반적인 언론의 자유, 출판의 자유는 물론, 다수가 모여서 의견을 표현할 집회의 자유, 단체를 만들어서 의견을 표현할 결사의 자유까지 모두 포함해요."

선생님은 언제나처럼 밝은 얼굴로 토론의 시작을 알렸다.

"아마 뉴스에서 촛불 집회 현장을 본 기억이 있을 거예요. 멀리서 보면 평화롭게 보이는 촛불 집회이지만, 가까이에서 보면 경찰과 시민들이 서로 대치하고 있는 경우가 많지요. 다행히 요즘에는 집회가 평화롭게 이루어지는 경우가 많지만 그렇다고 해서 촛불 집회가 언제나 허용되는 것은 아닙니다. '집회 및 시위에 관한 법률'에 의해서 국민이 가지는 집회의 자유를 국가의 질서 유지를 위해 제한할 수 있기 때문인데요. 촛불 집회를 제한하는 것이 우리 모두를 안전하게 보호하기 위해 불가피한 것인지, 아니면 민주주의의 정신을 훼손하는 과도한 제한에 해당하는지, 이에 대한 여러분의 생각을 들어 보겠습니다."

늘 친구들보다 먼저 의견을 발표하던 경서가 머뭇거리는 사이, 촛불 집회 제한을 반대하는 영선이가 손을 들었다. 평소 나정이만큼이나 사회 문제에 관심이 많은 영선이는 촛불 집회가 열릴 때마다 바쁜 엄마를 졸라 같이 참석하는 편이다. 어른들 사이에서 촛불을 밝히고 있노라면 아직 어리지만 더 나은 세상을 만드는 데에 힘을 보태고 있다는 느낌이 들어 뿌듯하고 벅찬 마음이 들었다. 가끔 경찰들이 나타날 때면 무섭기도 했지만, 잘못한 게 없는데 무서워해야 하는 것에 대한 억울한 마음이 들어서 화가 나기도 했다.

"저는 촛불 집회를 제한하는 것에 반대해요. 평화롭게 촛불을 들고 시위할 뿐인데, 경찰까지 동원할 필요가 있을까요? 다른 사람들에게 큰 피해를 주는 일도 아닌데요. 국민 한 명 한 명이 큰 힘을 발휘하긴 어려워도, 같은 생각을 하는 국민들이 한자리에 모여서 목소리를 낸다면 굉장히 큰 힘을 발휘할 수 있어요. 이처럼 촛불 집회는 국민의 소리를 모으는 방법이고, 여론을 확인하는 자리예요. 민주주의 국가에서 여론은 국가를 움직이는 원동력인데, 이를 제한하는 건 국민의 힘을 무시하는 것과 같아요."

영선이의 논리 정연한 발언에 반대 팀의 우제는 흐뭇한 미소를 지었다. 국민이 한 자리에 모여서 목소리를 낸다면 큰 힘을 발휘할 수 있다는 영선이의 말에 '국가의 주인은 국민'이라는 민주주의 정신이 떠올랐기 때문이다.

영선이의 말이 끝나자 촛불 집회 제한을 찬성하는 나정이가 손을 들었다. 나정이도 뉴스와 신문을 보는 것을 좋아하고 시사 상식이 풍부한 편이지만 영선이와는 생각이 달랐다.

"저는 촛불 집회에 대한 어느 정도의 제한은 필요하다고 생각해요. 현재의 법이 집회를 아예 금지하는 건 아니에요. 이번에 토론을 준비하면서 자료를 찾아보니까, 법은 기본적으로 집회의 자유를 보장하고 있다는 걸 알게 되었어요. 촛불 집회는 주로 늦은 밤에 열리고, 지나치게 시끄럽거나 과격해질 위험이 있어서 국가가 개입하는 거죠. 주최자가 경찰의 해산

명령을 어기거나, 집회에 참여한 사람들이 도로를 막아서 지나가는 사람들에게 피해를 주기도 하고요."

나정이는 시청 앞에서 촛불 집회가 열릴 때마다 차가 심하게 막힌다고 투덜거리던 아빠의 모습을 떠올렸다. 표현의 자유를 위해 다른 시민들이 마음껏 이동할 자유를 침해하는 걸 옳다고 볼 수 있을까? 나정이는 발언을 계속했다.

"예전에 촛불 집회 현장을 지나친 적이 있는데, 퇴근 시간이어서 그런지 그렇지 않아도 혼잡한 거리가 촛불 집회를 준비하는 사람들과 경찰들로 굉장히 붐볐어요. 사람들이 큰 소리로 구호를 외치거나 노래를 부르기도 했고요. 제가 그 자리를 떠난 이후에도 촛불 집회는 밤늦게까지 계

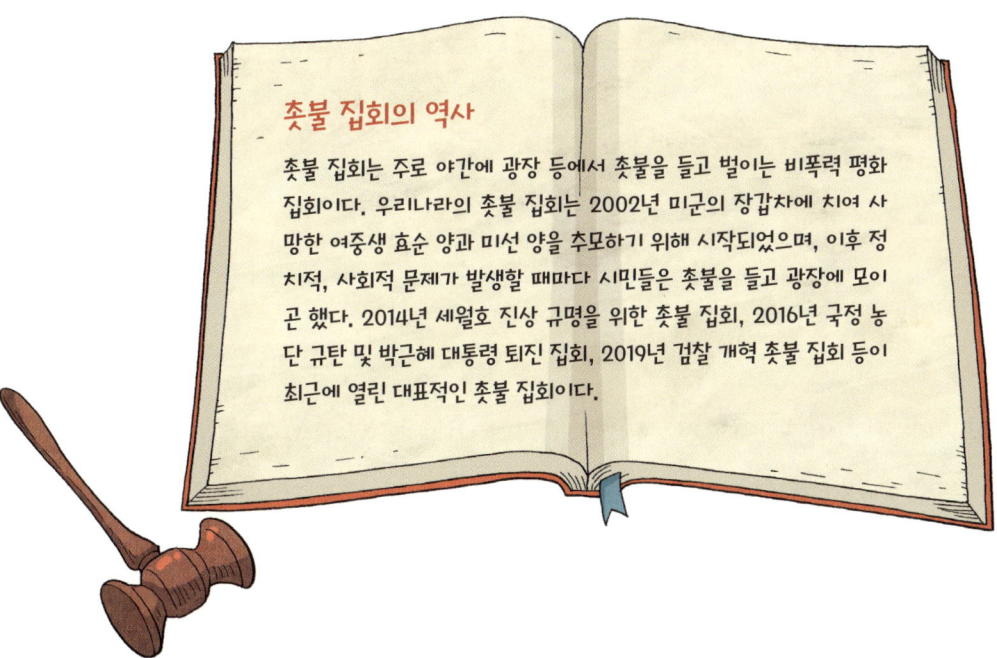

촛불 집회의 역사

촛불 집회는 주로 야간에 광장 등에서 촛불을 들고 벌이는 비폭력 평화 집회이다. 우리나라의 촛불 집회는 2002년 미군의 장갑차에 치여 사망한 여중생 효순 양과 미선 양을 추모하기 위해 시작되었으며, 이후 정치적, 사회적 문제가 발생할 때마다 시민들은 촛불을 들고 광장에 모이곤 했다. 2014년 세월호 진상 규명을 위한 촛불 집회, 2016년 국정 농단 규탄 및 박근혜 대통령 퇴진 집회, 2019년 검찰 개혁 촛불 집회 등이 최근에 열린 대표적인 촛불 집회이다.

속되었다고 하더라고요. 집회를 할 때마다 차가 막혀서 그 길을 지나가는 운전자들도 굉장히 고생을 하고요. 이러면 집회 장소 주변에 살거나, 근처에서 가게를 하는 사람들이 피해를 보지 않았을까요? 앞서 영선이는 촛불 집회가 다른 사람들에게 피해를 주지 않는다고 했지만, 그것은 촛불 집회에 찬성하는 사람들의 의견일 뿐이에요. 집회에 참가하는 사람들이 전 국민을 대표한다고 볼 순 없습니다."

나정이의 의견을 듣던 선생님이 말을 꺼냈다.

"선생님이 조금 덧붙일게요. 방금 나정이가 야간 촛불 집회에 대해 말했는데, 집회 및 시위에 대한 법률은 해가 뜨기 전이나 해가 진 후에는 야외에서 집회 또는 시위를 할 수 없다고 정하고 있어요. 그런데 우리 헌법재판소는 이 조항에 대해서 야간에 집회와 시위를 전면적으로 금지하는 것은 헌법에 어긋난다고 판단했습니다. 자유의 제한을 통해 달성하려는 공익에 비해 자유를 과도하게 제한한다는 것이지요. 다만 밤 열두 시 이후의 야간 시위는 주간 시위보다 공공질서에 대한 침해 위험이 높기 때문에 금지해야 한다고 했어요. 여러분은 이 결정에 대해서 어떻게 생각하나요?"

잠자코 있던 경서가 입을 열었다.

"저는 일단 기존 법률 조문의 '해가 진 후'라는 표현이 좀 애매한 것 같습니다. 해가 지는 시간은 매일 달라지기 때문입니다. 예를 들어 겨울은 해가 짧으니까 집회를 여섯 시까지만 할 수 있고, 여름은 해가 길어서 여덟 시까지 할 수 있다는 건데, 이건 좀 그렇지 않나요? '해가 진 후'에 대한 기준이 분명해야만 야간 집회에 대한 개념도 보다 명확해질 것 같아요."

"경서가 좋은 지적을 해 주었네요. 또 여기에 덧붙일 다른 의견 가진

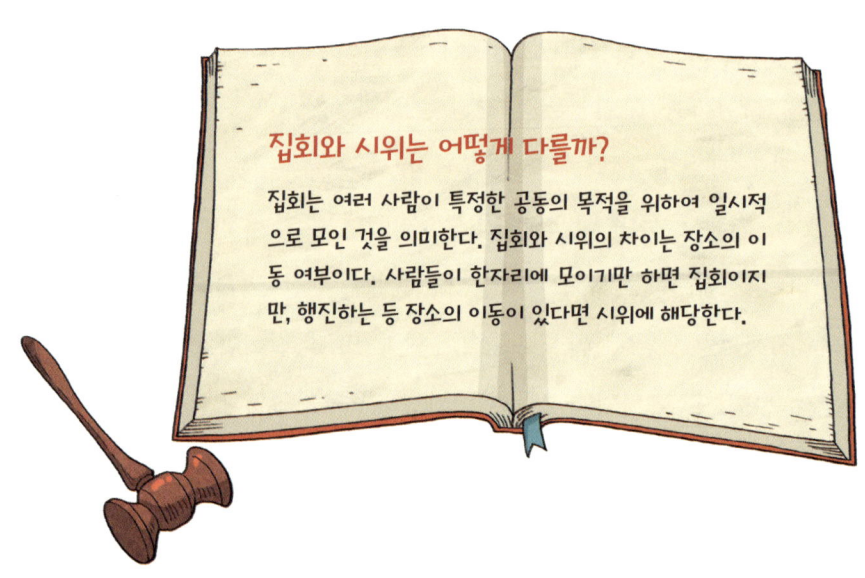

사람은 없나요?"

선생님의 말에 경서가 발언을 덧붙였다.

"저는 밤늦게 집회를 여는 것에는 반대하는 입장입니다. 저녁 시간도 있고 주말의 낮 시간도 있는데 굳이 깊은 밤까지 집회를 할 필요가 있을까요? 경찰이 그 시간까지 대기하며 집회에 참여한 사람들을 통제하면 국가적으로도 큰 손실일 거예요. 다른 중요한 일들을 해야 할 경찰들이 대규모로 동원되는 것이니까요. 굳이 집회를 하고 싶다면 질서를 유지하며 정해진 시간 내에 하고, 다음 날 또 하면 되지요. 한밤중에 술에 취한 사람들을 생각해 보세요. 밤이 되면 사람이 흥분하고 감정적으로 변해서 위험한 일이 생길 수도 있어요."

이때 촛불 집회 제한을 반대하는 팀의 우제가 울컥하며 경서의 말에 반박했다.

"아니, 저는 우리나라처럼 24시간 불이 꺼지지 않는 나라에서 새벽에 집회를 하는 게 왜 안 되는 건지 모르겠습니다. 월드컵 응원을 할 때는 촛불 집회보다 훨씬 많은 사람이 새벽에 모이곤 하지만 아무도 뭐라 하지 않잖아요? 1월 1일에 하는 보신각 타종 행사도 마찬가지고요. 밤이라서 위험하다는 건 촛불 집회를 막기 위한 사람들의 핑계에 불과해요. 게다가 술에 취한 사람을 촛불 집회를 위해 모인 사람들과 비교하는 건 지나친 비유 같네요."

촛불 집회 제한 찬성 팀의 찬솔이가 입을 열었다.

"음……. 저는 우제의 생각과 달라요. 월드컵이나 보신각 타종은 찬성과 반대가 갈리지 않는 행사잖아요? 국민 일부의 의견만 반영하는 촛불 집회와는 다르죠. 저는 오히려 촛불 집회를 야간에 제한하는 것은 문화재 관람을 야간에 제한하는 것과 비슷하다고 생각해요. 경복궁 같은 문화재는 정해진 시기에만 야간 개장을 하는데, 시간도 밤 아홉 시 삼십 분까지로 제한하고 있어요. 이는 혹시 일어날지도 모르는 각종 사고에 대비한 것이라고 해요. 촛불 집회도 마찬가지로 이처럼 혹시라도 발생할 사고를 미리 예방하기 위해 늦은 밤에는 촛불 집회를 할 수 없도록 하는 것 같아요."

"우제와 찬솔이의 발언 모두 잘 들었어요. 우제는 야간에 집회를 여는 게 위험하지 않다는 입장이고, 찬솔이는 혹시라도 발생할 수 있는 사고에 대비해서 야간 집회는 제한해야 한다는 입장이네요. 국가의 역할이 국민의 자유를 보장하면서 또 한편으론 국민을 안전하게 보호하는 것임을 생각해 보면 두 사람의 생각 모두 일리가 있습니다."

선생님이 조리 있게 우제와 찬솔이의 발언을 정리했다. 이때 잠자코 있던 촛불 집회 제한 반대 팀의 이현이가 손을 들었다.

"저는 안전을 위해 야간 집회를 제한해야 한다는 찬솔이의 말에 이의가 있습니다. 야간 집회든 아니든 간에 안전을 위해 경찰이 개입하는 거라면 최소한만 개입해야 하는 거 아닌가요? 뉴스를 보니까 경찰 버스가 집회 현장을 완전히 가로막고 있어서 시민들이 집회 장소에 가는 게 매우 힘들어 보였어요. 촛불 집회는 어디까지나 평화적인 시위인데, 경찰들이 너무 무섭게 버티고 서 있으니까 보기가 안 좋더라고요. 국민은 어린아이가 아닌데, 사고가 날까 봐 경찰을 투입한다는 건 안전을 핑계 삼아 국민을 무시하는 것 아닌가요? 그리고 정부의 입장에 반대하는 단체가 집회를 할 때만 경찰이 더 강압적으로 진압하는 것 같아요."

"이현이의 발언은 너무 한쪽으로만 치우친 것 아닌가요? 좀 더 명확한 근거를 제시하면서 토론에 임했으면 좋겠습니다."

나정이가 이현이의 발언에 일침을 놓자 선생님이 정리에 나섰다.

"여러분이 촛불 집회에 이렇게 관심이 많을 줄 몰랐는데, 의외로 뉴스를 통해 많이 접하고 있었네요. 집회의 자유는 작은 목소리가 모여 사회를 변화시키는 큰 목소리를 만들어 내는 만큼, 매우 소중한 자유입니다. 자유롭게 의견을 표출하고 싶다는 국민의 뜻도, 국가 질서를 유지하고 국민의 안전을 보장해야 한다는 정부의 우려도 모두 일리가 있어요. 여러분도 머지않아 당당한 사회의 구성원으로서 자신의 목소리를 낼 수 있는 나이가 될 텐데, 그때에도 아마 많은 촛불 집회 혹은 다른 형태로 의견을 표출할 수 있는 집회가 있을 거예요. 여러분이 어른이 되었을 때 혹시라도 오늘 했던 토론을 기억한다면, 서로의 입장을 한 번 더 생각해 보고 이해하려는 자세를 가지기를 바랍니다. 그럼 오늘 토론은 이만 마치도록 할게요."

경서는 집에 돌아오는 길에 촛불 집회에서 스치듯 만난 수많은 사람을 떠올렸다.

경서와 가장 친한 막내 삼촌은 멋지고 씩씩한 경찰이다. 평소 삼촌을 보면서 경서는 나중에 어른이 되면 삼촌처럼 멋진 경찰이 되어야겠다고 생각했었다.

하지만 경찰이 되어서 촛불 집회에 가게 된다면, 촛불을 든 사람들을 막기 위해 싸워야 하는 것일까? 촛불 집회를 하는 사람들이 안전하게 집회를 마칠 수 있도록 도와주는 친구 같은 경찰이 될 순 없을까? 경서는 풀리지 않은 질문을 안고, 다음에는 사람들이 왜 촛불을 드는지에 대해서도 알아보겠다고 다짐했다.

쟁점 2.

방송 심의 규제, 어디까지 허용해야 할까?
방송의 자유 vs 청소년 보호

"오늘 드디어 BTS 신곡 뮤직비디오 공개하는 날이야! 빨리 보러 가야 돼!"

찬솔이는 학원 수업을 마치자마자 헐레벌떡 가방을 챙겨서 뛰어나왔다.

"찬솔아, 나도 같이 가!"

우제가 서둘러 뒤쫓아 왔다.

"아, 우제구나. 너도 우리 집에 가서 같이 볼래?"

"좋아! 우선 엄마한테 늦는다고 전화해야겠다. 이번 BTS 신곡 완전 내 스타일이던데?"

"어. 나도 어제 스트리밍 사이트에서 들었는데 진짜 좋더라. 벌써 음원 차트 1위도 했어. 안무도 엄청 멋지던데, 우리 그걸로 소풍 때 장기 자랑 나갈까?"

"그럴까? 민혁이랑 지민이한테도 물어보자! 안무 연습 부지런히 해야겠네."

찬솔이와 우제는 집에 들어오자마자 책가방을 던지고 소파로 직행해 텔레비전을 틀었다.

"헉헉, 열심히 뛰었더니 너무 빨리 왔네. 아직 광고하는 중이라 다행이다."

찬솔이는 소파에 걸터앉으며 한숨을 돌렸다.

"그러게. 이번에는 심의 걸린 게 없는지 모르겠네. 예전에 그 사건 이후로 조심할 거 같긴 한데."

우제는 찬솔이 옆에 앉아 손으로 부채질을 하며 땀을 식혔다.

"예전에 그 사건? BTS가 언제 심의에 걸린 적이 있었어?"

찬솔이는 궁금하다는 표정으로 우제를 바라보았다. 찬솔이는 얼마 전부터 BTS를 좋아하기 시작했지만 우제는 오래전부터 팬이라 예전 일에 대해서도 잘 알고 있는 편이다.

"응. BTS 세 번째 미니 앨범에 '쩔어'라는 노래가 있잖아. 이 노래 랩 중에 '비실이, 찌질이, 찡찡이, 띨띨이들'이라는 가사가 있었어. 그 부분이 심의에 걸려서 방송에는 멤버들이 키우는 강아지 이름인 '순심이, 랩몬이, 구름이, 또순이들'로 가사를 바꿔서 불렀지."

"엥? 그 가사가 왜? 별로 이상한 거 같지 않은데?"

"비속어에 해당한다는 이유였지. 심의 기준이 까다로워서 이외에도 여러 번 가사를 바꿨어. 특정 브랜드 이름을 쓰는 것도 걸리더라고. 해외 가수들은 아무렇지도 않게 쓰던데 말이야."

"그렇구나. BTS는 해외 팬도 많은데 정말 억울했겠다. 그런데 방송 심의 기준이란 게, 너무 주관적이지 않아? 우리가 보기엔 별로 이상하지 않은데 방송 금지되는 경우도 있잖아."

"나도 그렇게 생각해. 오래전부터 있었던 문제인 것 같은 게, 가수 양준일도 그렇게 피해를 본 경우잖아. 예전에 활동할 때 방송에서 영어를 많

이 쓴다는 이유로 방송 정지를 당했다는데, 이해가 안 되더라고. 방송 심의는 기준이 주관적인 만큼 남용되기도 쉬운 제도인 것 같아."

"그렇네. 나는 방송 심의가 걸 그룹 춤에만 적용되는 줄 알았는데 훨씬 광범위하구나. 걸 그룹 의상이나 춤이 너무 선정적이라 방송에 못 나가게 된 경우는 많이 들었는데 이렇게 다양한 심의 기준이 있는 줄은 몰랐네."

"응. 나도 걸 그룹을 좋아하지만 방송 보다 보면 민망할 때가 많아. 너무 야한 춤이나 의상 같은 건 규제가 필요한 것 같기도 한데, 가끔은 그 규제가 너무 어이없거나 심한 것도 있는 것 같아. 참 우리 이번 토론 주제가 방송 심의던데, 토론 시간에 다 같이 얘기해 보면 재밌겠다!"

"그러게. 앗, BTS 나온다!"

찬솔이와 우제는 텔레비전에 시선을 고정했다. 빠른 비트의 음악에 맞추어 현란한 춤을 추는 아이돌 그룹이 화면을 가득 메웠다.

오늘은 토론 수업이 있는 날. 선생님이 들어와 왁자지껄하게 떠들던 아이들을 조용히 시키며 토론이 시작되었다.

"이번 시간에는 방송 심의 규제에 대해 토론해 볼 거예요. 방송 심의라고 하면 굉장히 많은 부분이 있어요. 아이돌 가수의 댄스 안무나 무대 의상, 또는 드라마 내용이 지나치게 선정적일 경우, 시사 보도 프로그램의 공정성이 떨어지는 경우 등에 방송 통신 심의 위원회의 심의에 따른 제재를 받게 되지요. 이는 건전한 방송을 만들기 위한 것이지만, 심의 기준에 따라서 표현의 자유를 제한한다고 느낄 수도 있어요. 이외에 영상물 등급 위원회가 영화나 방송 매체를 심의해서 등급을 매기는 것도 표현의 자유를 침해하는 것이라 볼 수 있죠. 이러한 제한이 타당한지에 대해서 각각의 의견이 다를 수 있어요. 자, 그럼 찬성과 반대의 입장에서 토론을 해 볼까요?"

방송 심의를 반대하는 팀의 영선이가 먼저 나섰다. 영선이는 연예인을 꿈꾸는 만큼 그 누구보다 방송에 관심이 많다. 평소 텔레비전을 끌어안고 살다시피 해서 부모님으로부터 종종 핀잔을 듣기도 한다.

"저는 방송 심의 자체가 요즘 시대와는 맞지 않는 거라 생각해요. 지금이 어떤 시대인데 나라가 방송을 규제하나요? 인터넷에 올라오는 콘텐츠들을 감시하는 것도 그렇고요. 인터넷의 특성 중 하나가 기존에 있던 표현의 장벽을 허문 것 아닌가요? 인터넷에 떠도는 콘텐츠를 나라가 감시한다는 건 좀 너무해요."

방송 심의에 찬성하는 팀의 경서가 반박했다.

"하지만 국가가 아무 제한을 하지 않으면 방송은 결국 해로운 매체로 전락하지 않을까요? 저희 아버지는 케이블 방송이 생긴 뒤에 과거에는 생각지도 못했던 자극적인 프로그램들이 너무 많이 생겨나서 당황스럽다고 하시더라고요. 현재의 방송은 표현의 자유를 지나치게 누리고 있어요. 인터넷도 그렇고요. 트위터나 페이스북에 떠도는 거짓 루머와 악성 댓글 때문에 피해를 보는 사람들이 얼마나 많은데요. 이런 것들은 당연히 제한해야 해요."

반대 팀의 우제가 고개를 갸웃거리며 손을 들었다.

"저도 경서의 생각에 어느 정도는 동의해요. 아무 제한 없이 무조건 표현의 자유를 보장하는 건 좀 아닌 거 같거든요. 하지만 문제는 심의 기준이 너무 제각각이라는 거예요. 저는 별다른 기준도 없이 제멋대로인 심의 기준은 없느니만 못하다고 생각합니다."

"우제는 어떤 면에서 심의 기준이 제각각이라고 생각하나요? 구체적으로 예를 들어 볼래요?"

선생님이 우제의 발언 뒤에 질문을 덧붙였다. 잠시 생각하던 우제는 발언을 계속했다.

"소위 '막장 드라마'라고 불리는 황당한 내용의 드라마들이 온 가족이 텔레비전 앞에 모이는 저녁 시간에 버젓이 방송되고 있잖아요? 부모님과 보다 보면 어색하고 불편할 때가 한두 번이 아니에요. 그런데 아이돌 가수의 노래 가사는 의미가 난해하다, 청소년들의 정서에 좋지 않다, 영어가 많이 들어가 있다 등 우리가 받아들이기 힘든 기준으로 심의하는 경우가 많아요. 이건 그냥 트집 잡기 아닌가요?"

"우제가 좋은 지적을 해 주었네요. 방송 심의도 결국은 사람이 판단하는 것이기 때문에 그 기준이 다소 모호하게 느껴질 수 있죠. 지금 여러분은 상상하기 어렵겠지만 선생님이 어렸을 때는 가수들이 머리를 염색했다고 해서 방송사의 방송 심의에 걸리는 일도 있었어요. 당시 남자 가수가 귀걸이를 했다고 해서 심의에 걸리기도 했으니 오늘날과는 많이 다르죠? 이처럼 방송 심의의 기준은 시대에 따라 변하기 마련이랍니다."

선생님이 우제의 의견을 정리하자 반대 팀의 이현이 우제를 도와서 말을 이었다.

"경서가 트위터나 페이스북에 떠도는 거짓 루머들이 문제라고 했는데, 인터넷의 특징이 뭔가요? 다양한 정보를 접할 수 있다는 거 아닌가요? 이 정보들을 걸러서 판단하는 건 개인의 몫이라고 생각해요. 잘못된 정보를 가려내려다가 진실마저 가려질 수도 있거든요. 트위터나 페이스북의 특징 중 하나가 국민들이 시사 문제에 대해서도 솔직한 의견을 쓸 수 있다는 건데, 이걸 막겠다는 건 결국 국가가 나서서 국민들 입을 막겠다는 것과 같아요."

반대 팀의 기세가 무서웠다. 찬성 팀이 수세에 몰리자 황급히 찬솔이가 나섰다.

"혹시 표현의 자유를 무조건 허용하면 어떤 일이 벌어질지 생각해 본 적 있나요? 방송사도 결국은 돈을 벌어야 하는 회사인데, 표현의 자유가 무조건 허용되면 시청자들의 눈길을 끌기 위해서 흥미 위주의 자극적인 프로그램만 방송하게 될지도 몰라요. 표현의 자유도 중요하지만, 아무 제한이 없으면 지나치게 한쪽으로만 쏠린 방송들이 많아질 거예요. 방송의 역할은 국민들에게 올바른 정보를 주는 것 아닌가요? 이런 면에서 볼 때 방송 심의는 없어선 안 될 제도라고 생각해요."

찬솔이가 발언을 마치가 골똘히 생각에 잠겨 있던 찬성 팀의 나정이가 손을 들었다. 평소 트위터와 페이스북을 즐겨 하며 시사 문제에도 관심이 많은 친구라 모두 나정이에게 주목하는 분위기였다. 어제도 페이스북에 토론 내용을 짧게 요약한 글과 관련된 자료의 링크를 올려서 친구들을 바짝 긴장시켰었다.

"저는 이현이가 지적한 인터넷 공간의 심의에 대해 발언하겠습니다. 인터넷 웹툰의 경우는 지나치게 잔인하거나 야한 장면이 많음에도 불구하고 웹툰을 연재 중인 포털 사이트가 작가가 스스로 등급을 정하는 '자율 심의제'를 따르고 있어요. 그런데 이 자율 심의제는 기준이 분명한 게 아니라서 연재를 하다가 중간에 등급이 바뀌는 웃지 못할 상황도 종종 벌어지곤 해요."

"맞아요. 저도 즐겨 보던 웹툰이 갑자기 성인용으로 바뀌어서 결말을 보지 못한 적이 있었어요. 그때 정말 황당했는데……."

찬솔이가 나정이의 발언을 거들고 나섰다.

"이처럼 자율 심의제는 모든 것을 자율에 맡기기 때문에 그에 따르는 문제들도 많아요. 인터넷에는 수없이 많은 정보와 콘텐츠가 있는데, 이 중에 청소년들에게 해로운 콘텐츠도 많거든요. 실제로 청소년이 봐선 안 될 야하고 폭력적인 내용의 글과 사진들이 따로 검색하지 않아도 팝업 창 같은 걸로 뜨기도 하고요. 이런 걸 국가가 나서서 막지 않으면 누가 막겠어요?"

나정이의 야무진 발언으로 토론이 마무리되는 듯했다. 뒤에서 팔짱을 끼고 지켜보던 선생님이 입을 열었다.

"여러분의 토론 잘 들었어요. 방송 심의가 문제 되는 사례 중 대부분은 발 빠르게 변화하는 방송을 심의 기준이 따라잡지 못해서 발생하는 것이에요. 표현의 자유를 얼마나 보장할 것인지, 국가의 제한은 어느 정도에 그쳐야 할 것인지는 그 시대의 정치와 문화적 상황에 따라서 아주 민감하게 달라진답니다. 표현의 자유를 보장하는 정도에 따라 민주주의의 발전 정도를 가늠해 볼 수도 있을 거예요. 하지만 그렇다고 해서 무제한적인 보장만이 옳은 것은 아니기 때문에, 공정한 기준을 세워서 국민 다수의 지지를 받을 수 있어야 하겠지요. 여러분도 스스로 방송 심의 기준을 만들어 보세요. 그럼 오늘 토론은 이것으로 마칠게요."

토론 수업이 끝나고 찬솔이는 우제와 함께 학교를 빠져나왔다. BTS가 선생님이 어렸을 시절의 가수들처럼 염색하지 않은 머리와 점잖은 의상을 입고 방송에 출연한다면 어떤 모습일지 쉽게 떠오르지 않았다. 몇 십 년이 흐른 뒤에 방송에 나오는 가수들은 어떤 모습을 하고 있을까? 찬솔이는 가수들의 모습을 떠올려 보며 집으로 향했다.

쟁점 3.

낙선 운동 금지는 타당할까?
정당한 정치 참여 vs 선거법 위반

"이현아. 나와서 과일 먹으렴."

방에서 숙제를 하고 있던 이현이는 거실로 뛰어나갔다. 과일을 깎는 엄마의 시선은 텔레비전에 고정돼 있었다. 뉴스에서 국회 의원 선거를 앞두고 후보들의 비방, 폭로전이 한창이라는 보도가 나왔다. 곧이어 아빠도 거실로 나와 온 가족이 한자리에 모였다.

"엄마, 개그 프로그램 언제 해요? 뉴스는 재미없어요."

"엄마도 이현이처럼 어릴 때는 뉴스가 재미없었는데, 보다 보면 뉴스도 재밌어. 특히 선거를 앞둔 정치인들이 하는 행동은 정말 우스울 때가 많지."

"정치인들이 어떤 행동을 하는데요?"

"지금 봐. 서로 헐뜯기에 바쁘잖아. 물론 정도의 차이는 있지만. 가끔은 정말 저렇게 자질 미달인 사람이 어떻게 국회 의원이 되려고 하나 싶을 때도 있어. 하지만 정치에 관심이 별로 없는 유권자들은 그런 것도 모르고 그냥 자기가 지지하는 정당 소속이다 싶으면 표를 주곤 하거든."

신문을 넘기던 아빠가 끼어들었다.

"그런 사람들은 낙선 운동을 해서 떨어뜨려야 하는데."

"낙선 운동? 아빠, 낙선 운동이 뭐예요? 이번 토론 주제가 낙선 운동이라는데 처음 들어 봐서 뭔지 잘 모르겠어요. 자료 찾아야 하는데 좀 알려 주세요."

"보통 선거 운동은 후보자를 선거에 당선시키기 위한 거잖아. 하지만 낙선 운동은 후보자를 선거에서 떨어뜨리기 위한 운동이야. 2000년 무렵 시민 단체가 부적절한 후보자가 공직 선거에 당선되지 못하도록 하겠다며 시작했고, 실제로 낙선 운동 대상자 중 3분의 2가 넘는 후보들이 당선에 실패했지. 국민의 힘을 보여 준 사례라고 할 수 있어."

이현이와 아빠의 대화를 듣고 있던 엄마가 고개를 갸웃거렸다.

"그런데 낙선 운동은 지금 불법 아니야? 예전에 법원에서 선거법 위반이라고 판결 내려서 시민 단체가 많이 항의했던 기억이 나는데, 요즘은 또 인터넷이나 SNS에서 낙선 운동 대상자 명단이 돌고 있더라? 법이 바뀐 건가?"

"예전엔 불법이었지. 낙선 운동이 선거법 위반이라는 판결이 나왔던 건 맞는데, 판결 당시 그 판결의 근거가 되었던 법이 바뀌었어. 그래서 지금

은 후보자의 낙선 여부에 대한 의견을 내는 것은 가능해. 낙선 대상자 명단을 SNS에 올리는 것도 가능하고. 하지만 해당 후보자를 비방하는 인쇄물을 배포하거나 현수막을 설치하는 등 단순한 의견 표시를 뛰어넘는 수준의 낙선 운동은 여전히 불법이야."

이현이는 눈을 동그랗게 뜨고 아빠에게 물었다.

"그게 왜 불법이에요? 뉴스에 나오는 나쁜 정치인들이 당선되지 못하게 하는 건 당연한 거 아닌가요?"

아빠가 허허 웃으며 난처한 듯 엄마를 바라보았다.

"글쎄. 왜 불법일까? 편파적이어서 그런가? 이현이가 친구들이랑 토론해 보면 뭔가 답이 나올 거 같은데?"

토론이 있는 날, 이현이는 궁금증을 가득 안고 학교로 향했다. 이현이는 낙선 운동을 찬성하는 팀이었기 때문에 지난주 아이들이 토론을 준비하기 위해 모인 모임에서도 반대하는 팀의 주장을 듣지 못했다.

'도대체 낙선 운동이 왜 안 되는 거지?'

이현이가 이런저런 생각을 하는 사이 선생님이 들어왔다.

"오늘은 선거 운동하는 소리 때문에 밖이 좀 소란하네요. 이번 토론 주제는 선거 기간에 맞추어 낙선 운동으로 정했습니다. 먼저 낙선 운동이 뭔지 영선이가 설명해 볼래요?"

토론을 앞두고 준비를 열심히 한 영선이가 자신 있게 일어났다.

"네. 낙선 운동을 간단히 설명하면, 선거에 A, B, C라는 후보가 있을 때 여러분 중 일부가 'A만은 꼭 떨어뜨려야 한다.'라면서 A를 떨어뜨리기 위한 행동을 하는 것입니다. 'A가 떨어져야 한다.'라는 의견 또한 수많은 의견 중 하나이므로 표현의 자유를 보장해야 한다는 측면에서는 낙선 운동을 허용해야 하겠지만, 낙선 운동을 무제한으로 허용하면 선거가 지저분한 싸움이 되고 후보들이 대중의 인기만을 좇게 되는 문제점도 있을 수 있습니다."

"영선이가 아주 잘 설명했어요. 영선이의 말대로 표현의 자유를 보장하는 것을 더 중요하게 여기는지, 선거의 공정성과 질서 유지를 더 중요하게 여기는지에 따라 낙선 운동에 대한 생각이 달라지겠지요? 여러분의 생각은 어떤지 궁금해지는데, 그럼 낙선 운동에 대해 찬성과 반대의 입장으로 나뉘어서 토론을 시작해 볼게요."

선생님 말이 끝나자마자 낙선 운동을 반대하는 팀의 경서가 언제나처럼 먼저 나섰다.

"저는 낙선 운동을 금지해야 한다고 생각합니다. 만약 우리 반 반장 선거에 저와 우제가 나왔다고 가정해 볼게요. 이런 경우에 만약 우제와 친한 친구들이 저에 대해서 근거 없는 소문을 마치 사실인 것처럼 퍼뜨리면서 저를 떨어뜨리기 위한 낙선 운동을 한다면 어떻게 될까요? 저와 우제 중 누가 반장으로서의 능력이 뛰어난지, 누구의 공약이 더 실현될 가능성이 높은지와는 상관없이 친구가 더 많은 사람이 반장으로 뽑히는 결과가 나오지 않을까요?"

낙선 운동에 찬성하는 팀의 우제가 가만있을 리 없었다.

"아니, 왜 예를 들어도 꼭 저를 가지고 그러는지……. 하지만 친한 친구

들이 더 많은 것도 반장의 능력 아닌가요? 저는 선거 운동은 해도 되는데 낙선 운동은 하면 안 되는 게 오히려 이상하다고 생각해요. 좋아하는 후보가 뽑히게끔 선거 운동을 하는 것처럼, 싫어하는 후보가 뽑히지 않도록 낙선 운동을 하는 것도 당연합니다. 낙선 운동을 하지 않으면 비리를 많이 저지른 후보자를 어떻게 가려낼까요? 낙선 운동은 국민의 알 권리를 위해 당연히 해야 한다고 생각해요."

낙선 운동 반대 팀의 나정이가 입을 열었다. 평소 시사 문제에 관심이 많다 보니 낙선 운동은 나정이가 새롭게 관심을 가지게 된 주제 중 하나이기도 했다.

"국민의 알 권리만 중요하고, 후보자의 명예는 중요하지 않나요? 말 한 마디 한 마디가 중요한 게 선거예요. 반장 선거만 해도 그래요. 지난해 회장 후보였던 6학년 오빠가 운동장에서 축구를 하다가 욕을 했는데, 그 일이 순식간에 소문나서 지지율이 뚝 떨어졌었잖아요. 만약 낙선 운동을 하는 사람들이 일부러 특정 후보자에 대한 나쁜 루머를 퍼뜨려서 그 후보가 선거에서 떨어진다면, 선거가 끝난 뒤에 그 루머가 사실이 아닌 게 밝혀져도 선거 결과를 되돌릴 순 없어요. 이럴 경우에 잘못된 낙선 운동에 대한 책임은 누가 져야 하나요?"

잘못된 낙선 운동에 대한 책임이라……. 아이들은 지난해 회장 선거에 출마했던 후보들을 떠올렸다. 선거에서 떨어진 뒤, 한동안 풀이 죽은 채 학교를 다니던 후보들의 모습이 기억나는 듯했다. 나정이는 침착하게 마무리 발언을 했다.

"잘못된 낙선 운동을 한 사람들에게 벌을 준다고 해도, 선거를 다시 하지 않는 이상 선거에 떨어진 후보는 경제적으로나 정신적으로 엄청난 피해를 입게 될 거예요."

이현이는 나정이의 발언을 들으며 부모님이 알려 준 낙선 운동 대상자 선정 기준을 떠올렸다. 과거 낙선 운동을 허용했을 당시, 낙선 운동 대상자들은 뇌물을 받았거나 선거법을 어긴 경우, 쿠데타에 참여한 경우 등을 기준으로 선정했다고 한다. 이현이가 입을 열었다.

"낙선 운동 대상자는 아무 기준 없이 선정되는 게 아니에요. 유권자 단체는 분명한 기준을 가지고 대상자를 선정한다고 합니다. 그 기준에 동의하느냐 아니냐는 시민들이 결정할 몫이지요. 낙선 운동은 유권자에게 보다 많은 선택할 자유를 보장해 주는 것이므로 당연히 허용해야 한다고 생각해요. '구더기 무서워 장 못 담그랴.'라는 속담도 있잖아요. 부작용이 두려워서 낙선 운동을 금지하는 건 말도 안 돼요."

낙선 운동 반대 팀의 찬솔이가 이해하기 어렵다는 표정으로 말했다.

"제가 좀 심하게 말하는 것일 수도 있지만 찬성 팀에서는 도대체 선거를 뭐라고 생각하고 있는 건지 모르겠네요. 선거는 국민이 스스로 대표를 뽑는 민주주의의 중요한 의식이잖아요. 장난이 아니라는 거죠. 만약 낙선 운동을 허용한다면 선거는 상대 후보를 깎아내리기에 바쁜 지저분한 싸움이 될지도 몰라요. 선거 운동은 국민들이 누구를 뽑을 것인가를 결정하기 위한 것이지 선거를 혼란스럽게 만들기 위한 건 아닌데 말이에요. 민주주의에서 선거가 중요한 만큼, 선거 운동 또한 질서를 유지하면서 깨끗하게 이루어지도록 해야지요."

깊이 생각에 잠겨 있던 찬성 팀의 영선이가 조심스레 말을 꺼냈다.

"방금 찬솔이가 선거의 중요성을 얘기했는데, 표현의 자유도 민주주의의 기본이 되는 자유예요. 한편으로는 국민들이 후보자들에 대한 의견을 자유롭게 말할 수 있어야 제대로 된 선거가 되지 않을까요? 후보자에 대해 정확히 알지도 못하면서 누구를 뽑을 것인지를 결정한다는 건 말이 안 되니까요."

아이들의 토론을 듣고 있던 선생님이 두 손을 맞잡으며 의견 정리에 나섰다.

"여러분의 이야기 잘 들었어요. 여러분은 아직 투표권이 없는 나이라서 선거에 참여해 본 경험이 없지요. 그럼에도 불구하고 낙선 운동에 대한 토론을 잘해 주었습니다. 여러분도 어른이 되면 투표를 하게 될 거예요. 나라의 주인으로서 여러분의 대표를 스스로의 손으로 뽑을 수 있게 되는 것이지요. 투표권은 국민의 가장 중요한 권리이자 의무라고 할 수 있어요."

"선생님, 그런데 투표는 몇 살 때부터 할 수 있나요? 빨리해 보고 싶은데……."

우제가 선생님 말에 끼어들며 물었다.

"만 18세부터 할 수 있으니까 여러분은 8년 뒤에 투표할 수 있어요. 찬솔이와 영선이의 말대로 민주주의 국가는 선거에 의해 유지되기 때문에 선거는 아주 중요한 의미를 가진답니다. 이 때문에 선거 운동도 엄격히 규제하는 것이지요. 낙선 운동을 공정한 선거를 위해 허용해야 하는지 또는 제한해야 하는지에 대해 각자 생각은 다를 수 있지만, 그 목표가 공정한 선거라는 사실은 같아요. 여러분 모두 곧 다가오는 국회 의원 선거 날 부모님이 투표하러 가실 때 함께 가 보면 어떨까요? 투표가 진행되는 모습을 실제로 보면 국민의 한 사람으로서 벅찬 감정을 느낄 수도 있어요. 그럼 오늘은 여기까지."

이현이는 한 번도 가 본 적 없는 투표소의 모습을 상상해 보았다. 뉴스에서 가끔 보곤 하던 아주 작은 천막처럼 생긴 투표소, 그 작은 천막 속에서 국민의 대표자가 탄생한다는 것이 신기하고 놀라웠다. 이현이는 이번 선거일에는 엄마 아빠를 따라 투표소에 방문해 민주주의가 이루어지는 현장을 지켜보아야겠다고 다짐했다.

함께 정리해 보기
표현의 자유와 법에 대한 쟁점

법보다 자유가 우선	논쟁이 되는 문제	자유보다 법이 우선
촛불집회를 야간에 제한하는 것은 집회의 자유를 침해하는 것이다.	촛불 집회 제한은 타당할까?	촛불 집회가 국민들에게 불편을 주고 국가 질서를 혼란하게 한다면 집회의 자유는 제한될 수 있다.
방송 심의는 심의의 잣대가 모호하고 형평성에도 어긋나므로 표현의 자유를 지나치게 제한하는 것이다.	방송 심의 규제, 어디까지 허용해야 할까?	국가는 유해한 방송으로부터 국민을 보호할 책임이 있으므로 방송 심의를 통해 표현의 자유를 제한할 수 있다.
낙선 운동은 후보자에 대한 의견을 표현하는 것으로, 선거 운동과 본질적으로 다르지 않으므로 허용되어야 한다.	낙선 운동 금지는 타당할까?	낙선 운동은 국민의 의사를 왜곡하고 선거 문화를 어지럽게 만들 우려가 있으므로 선거 운동과 달리 보아 금지되어야 한다.

4장
마음의 자유와 법

이번 시간에는 표현의 자유의 기초가 되는 마음의 자유에 대해 다뤄 볼까 해. 마음의 자유는 마음속에서 자유롭게 생각할 수 있는 자유야. 종교 행위를 강요당하지 않을 '종교의 자유', 자신의 양심과 사상에 따라 생각하고 행동할 '양심과 사상의 자유' 등을 말하지. 사람의 생각은 모든 행동에 영향을 미치기 마련이야. 때문에 자유로운 마음이 보장되지 않으면 다른 자유도 누리기 힘들어져. 또 민주주의 사회는 다양성을 존중하기 때문에 나와 다른 생각을 가졌다고 해서 다른 사람을 배척하는 것은 옳지 않지. 그래서 마음의 자유는 무척 중요하고 그만큼 자유의 제한에도 신중해야 해. 이제 종교의 자유와 양심과 사상의 자유를 제한하는 몇 가지 경우를 살펴보고, 과연 이러한 제한이 타당한 것인지 토론해 보자.

'법보다 자유가 우선' 팀

생각하는 대로 행동하지 못한다면 주체적인 인간이라고 할 수 없어. 종교 재단이 세운 학교라고 해서 학생들에게 종교 행사를 강요하는 것은 옳지 않아. 또 종교적 이유로, 혹은 평화주의자라서 군대에 가지 않겠다고 하는 사람에게 입대를 강요하는 것도 양심의 자유를 침해하는 일이야. 우리가 무의식적으로 따라 하는 국민의례도 양심의 자유를 제한할 여지가 있어. 우리는 국민의례를 통해 국가에 대한 무조건적인 충성과 애국심을 강요받고 있는 것은 아닐까?

'자유보다 법이 우선' 팀

경서 나정 찬솔

사람이 마음속으로 하는 생각까지 제한할 순 없어. 다만 그 생각을 외부로 드러낼 자유는 나라의 질서 유지를 위해 일부 제한할 수 있어. 종교 재단이 세운 학교는 학교의 정체성 유지를 위해 종교 행사를 강제할 수밖에 없어. 또 휴전 국가인 우리나라에서 병역은 국민의 필수 의무야. 한 사람이 평화주의자라고 주장하면서 병역을 거부하면 누가 군대에 가려고 하겠어? 국민의례가 애국심을 키워 주는 게 아니라 양심의 자유에 반한다고 생각한다면, 국가 없이 개인의 자유가 무슨 의미가 있을지 생각해 봐.

마음의 자유와 법

쟁점 1.

교내 종교 행사 강요는 타당할까?
종교의 자유 vs 학교의 자율권 행사

오늘은 석가 탄신일. 연등 행사를 좋아하는 영선이는 크리스마스만큼이나 석가 탄신일을 좋아하는 날로 꼽는다. 영선이의 가족은 모두 불교 신자가 아니지만, 도심에서 떨어진 호젓한 절 분위기가 좋아서 주말이면 가끔 절을 찾곤 한다. 특히 매년 석가 탄신일에는 환하게 불을 밝힌 색색의 연등도 구경하고, 소원도 빌러 꼭 절에 들르곤 한다. 오늘도 영선이네 가족은 연등 행사를 보러 가까운 절로 향했다. 이번엔 불교 신자인 이모네 가족도 함께였다.

"선재 오빠, 오빠 올해 고2라고 했지요? 학교생활은 어때요?"

영선이는 오랜만에 만나는 사촌 오빠에게 궁금한 것 투성이었다.

"학교생활? 내년에 고3이니까 사실 별 건 없어. 아, 우리 학교는 기독교 재단에서 만든 학교라서 예배 시간이 있어. 이게 좀 신기하려나?"

"예배를 드린다고?"

이모와 연등을 고르던 엄마가 놀란 표정으로 끼어들었다. 부모님의 영향으로 불교를 믿는 선재가 예배를 드린다는 게 의아한 눈치였다.

"네. 일주일에 한 번씩 예배 시간이 있는데, 교과 시간 중 하나예요. 전 학년이 강당에 가서 예배에 참석해야 해요. 1학년 때는 '성경'이라는 과목도 있었어요. 학교에 계시는 목사님이 성경 내용을 가르쳐 주셨고요."

"하지만 선재는 절에 다니잖아? 그래도 예외가 아닌 거야?"

"네, 예외는 없어요. 강당에서 출석 체크를 하기도 하고, 교실에 남아 있다가 선생님한테 걸리면 혼나니까 기독교 신자가 아니어도 모두 예배에 가요."

"그렇구나. 이모는 공립 학교만 다녀 봐서 그런 이야기는 새롭네."

소원을 적은 연등을 매단 이모가 연등에 불을 마저 밝히고 대화에 끼어들었다.

"나는 예전에 불교 재단이 세운 학교에 다녔었잖아. 불교 학교도 불교 행사를 해."

"아 그렇구나. 언니 예전에 학교 다닐 때 그 얘기 많이 했었지? 학교에서 《반야심경》 다 외우게 한다며 툴툴거렸었잖아."

"하하하! 생각해 보면 그때 불교 신자가 된 것 같아. 지겹게 외우다 보니 어느 순간 가슴에 와닿았다고나 할까?"

"뭐, 언니야 그 당시 종교가 없었고 결국 불교 신자가 되었으니 잘된 거긴 한데, 학교가 학생들에게 종교 행사를 강제하는 게 옳은 건지 잘 모르겠어. 선재같이 다른 종교가 있는 경우에는 기독교 예배가 괴로울 수도 있잖아."

"그런가? 정작 나는 별걱정은 안 들어. 불교 말고 다른 종교를 두루 접해 보는 것도 교육적으로 나쁘지 않을 것 같아서."

영선이는 귀를 쫑긋 세우고 엄마와 이모의 대화를 들었다. 영선이는 요즘 토론의 재미를 알아 가는 중인데, 내일 토론 시간의 주제가 학교의 종교 행사 강요이기 때문이다. 영선이는 엄마가 건네준 자신의 연등에 '토론의 여왕 되기'라고 소원을 적으며 다음 토론에서 우리 팀의 에이스로 거듭나겠다고 다짐했다.

영선이가 기다리던 토론 수업 시간, 선생님이 들어왔다.

"모두들 석가 탄신일 즐겁게 보냈나요? 오늘 우리가 토론할 주제는 '종교의 자유'에 대한 것입니다. 종교의 자유는 종교를 믿거나 믿지 않을 자유, 신앙 고백을 강요당하지 않을 자유, 신앙 또는 불신앙으로 인해 불이익을 받지 않을 자유 등을 포함하는 신앙의 자유가 핵심이에요. 여러분 중에는 석가 탄신일에 절에 간 친구도 있고 가지 않은 친구도 있지요? 만일 우리 학교가 불교 재단이라는 이유로 여러분 모두에게 석가 탄신일에 의무적으로 절에 가게 한다면 어떨까요?"

"으악, 너무 싫을 것 같아요! 절은 왠지 지루하거든요."

우제가 냉큼 말했다. 우제는 종교가 없는 부모님의 영향으로 교회도, 성당도, 절에도 다니지 않았다. 주위에서 교회나 절을 열심히 다니는 친구들을 보면서 신기하게 여기곤 했었다.

"대부분 우제처럼 생각할 것 같아요. 그런데 종교 재단에서 설립한 학교는 학생들에게 종교 행사를 강요하는 경우가 많답니다. 특정 종교 재단에서 설립한 학교는 대부분 기독교 학교에서 하는 채플과 유사한 종교 행사를 하고 있고, 종교 과목도 있어서 일주일에 한 시간 정도는 종교 수업을 받아요. 학생들 입장에서는 자신들의 의사와 무관하게 종교 행사를 강요당하고, 신앙의 자유를 제한받는 셈이지요. 하지만 학교 측에서도 할 말이 없는 건 아니에요. 학교를 설립한 종교 단체 또한 종교 행사의 자유와 종교 교육의 자유를 가지고 있기 때문이지요. 자 그럼 여러분이 학교

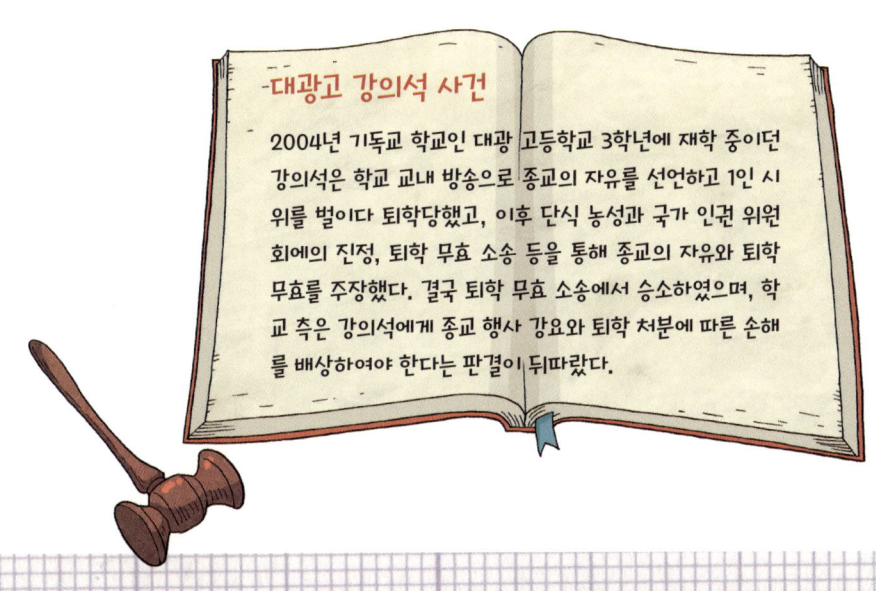

대광고 강의석 사건

2004년 기독교 학교인 대광 고등학교 3학년에 재학 중이던 강의석은 학교 교내 방송으로 종교의 자유를 선언하고 1인 시위를 벌이다 퇴학당했고, 이후 단식 농성과 국가 인권 위원회의 진정, 퇴학 무효 소송 등을 통해 종교의 자유와 퇴학 무효를 주장했다. 결국 퇴학 무효 소송에서 승소하였으며, 학교 측은 강의석에게 종교 행사 강요와 퇴학 처분에 따른 손해를 배상하여야 한다는 판결이 뒤따랐다.

와 학생 측을 대신해서 각자의 의견을 얘기해 볼까요?"

교내 종교 행사 반대 팀에서는 이번 토론을 단단히 준비한 영선이가 자신 있게 먼저 나섰다.

"저는 학교가 채플 등 종교 행사를 강요해서는 안 된다고 생각합니다. 물론 학교를 세운 종교 단체는 종교 행사의 자유, 종교 교육의 자유 및 선교의 자유를 가지고 있지만, 저는 학생 개인의 자유가 훨씬 더 중요하다고 생각해요. 신앙의 자유 말이지요. 신앙의 자유가 없는 종교 행사나 종교 교육이 무슨 의미가 있을까요? 특히 평준화 지역에서는 추첨으로 학교가 정해지기 때문에 학생들이 가고 싶은 학교를 선택해서 가는 게 아니에요. 학교의 종교적인 색깔을 미리 알고 지원해서 간 학생들과는 완전 다르죠. 교내 종교 행사에 대해서 100퍼센트 동의한 게 아니니까요."

교내 종교 행사 찬성 팀의 경서가 반박에 나섰다. 경서는 교회에 다니는 부모님의 바람대로 미션 스쿨에 진학하고 싶다는 생각을 지니고 있었다. 그래서인지 교내 종교 행사에 민감하게 구는 사람들의 생각이 잘 이해가 되지 않았다.

"하지만 공립 학교가 아니라 사립 학교라면 학교를 설립한 단체 마음대로 교육 방향을 결정할 수 있는 것 아닌가요? 그리고 학교에서 하는 종교 행사는 대부분 그렇게까지 종교적인 것은 아니에요. 불교를 믿는 학생에게 기독교로 개종을 하라고 하거나, 교회에 다니는 학생에게 절에 나오라고 강요하는 수준은 아니라는 거죠. 기독교나 불교의 이념을 가르치는 수업이 있더라도 일주일에 한 시간 정도라고 합니다. 수업 시간에 종교 관련 시험을 봐도 성적에는 반영하지 않는 경우가 대부분이고요. 해당 종교를 믿는 학생들은 학교에서 신앙생활을 할 수 있어서 좋고, 신앙이 없는 학생들에게는 종교에 대해 알 수 있는 좋은 기회가 되지 않을까요?"

경서의 말이 끝나자마자 영선이가 기다렸다는 듯 다시 발언에 나섰다.

"과연 좋은 기회라 할 수 있을까요? 저희 사촌 오빠는 기독교 학교에 다니는데, 수능 준비로 바쁜 고3까지 모두 매주 예배를 드린다고 해요.

또 저희 이모는 불교 학교에 다니셨는데 학교에서 불교 수업은 물론 운동장에 학생들을 모아 놓고 하는 불교 행사를 자주 치렀고, 석가 탄신일에는 학생들에게 연등 만드는 일 등을 시켰다고 해요. 이렇게 만든 연등은 학교를 장식하는 데에만 쓰인 게 아니라 많은 양을 다른 절로 보내서 판매했다고 하고요. 이런 것도 다른 종교에 대해 경험할 수 있는 좋은 기회라 할 수 있을까요?"

영선이의 발언에 역시 같은 교내 종교 행사 반대 팀의 우제가 힘을 실어 주었다.

"종교에 대해 경험할 수 있는 좋은 기회라기보다는 굳이 하지 않아도 될 쓸모없는 행사처럼 들리네요. 실제로 신자인 학생들마저도 교내 종교 행사를 좋지 않게 보는 경우가 많다고 해요. 영선이 말처럼 종교 행사에 학생들을 참여시키는 이유가 종교 교육만을 위한 게 아니기 때문이죠. 또 학교 내에 신자들로 이루어진 학생회나 동아리가 있어서 신자가 아닌 학생들에게 위화감을 조성하는 경우도 있다고 합니다. 교사를 채용할 때 종교인을 우선 채용하기도 하고요. 종교 단체가 학교를 세웠다고 해서, 교사와 학생들에게까지 종교를 강요해도 되는 것일까요?"

평소 장난기 가득하던 우제가 교내 종교 행사를 강하게 비판하자, 교내 종교 행사 찬성 팀 아이들의 눈이 휘둥그레졌다. 머뭇거리던 아이들 중에서 나정이가 앞에 나섰다.

"앞서 영선이가 든 예는 니무 안 좋은 면만 부각시킨 것 같아요. 어느 학교나 행사가 없는 학교는 없어요. 다만 그 행사가 종교적인 의미를 갖느냐 갖지 않느냐의 차이가 있을 뿐이지요. 종교 단체는 종교 이념에 따라 학생들을 교육하기 위해 학교를 세운 것인데, 종교 행사를 금지한다면 종교를 탄압하는 것 아닐까요? 이 또한 종교의 자유를 침해하는 일이라고 생각해요."

토론이 과열되자 선생님이 정리에 나섰다.

"여기서 선생님이 잠깐 정리하고 넘어갈게요. 교내 종교 행사에 반대하는 팀은 교내 종교 행사의 목적이 비단 학생들의 종교 교육에만 있지 않고, 개인의 시간을 빼앗는 소모적인 행사이므로 반대한다는 입장을 취하고 있어요. 반면 교내 종교 행사에 찬성하는 팀은 학교의 설립 이념에 따라 종교 행사를 하는 것이므로 이를 금지하는 것은 또 다른 종교의 자유를 침해하는 것이라 보고 있군요. 찬성 팀의 주장이 조금 약하게 느껴지는데, 보충할 사람 있나요?"

머뭇거리던 찬성 팀의 찬솔이가 손을 들었다.

"저는 반대 팀의 우제의 발언 중에서 특정 종교의 신자들로 이루어진 학생회나 동아리가 다른 학생들에게 위화감을 준다는 것에 이의가 있습니다. 신자들 입장에서는 교내에서 종교 활동을 하는 게 일반 동아리 활동을 하는 것이나 다름없으니까요. 또 종교를 가진 사람을 교사로 채용하는 것도 꼭 비판적으로 봐야 할까요? 저는 신앙심이 강한 분들을 학교에서 선생님으로 만나면 신기하기도 하고 새로운 가치관도 접할 수 있어서 좋을 것 같거든요. 이렇게 종교를 가진 선생님을 만나는 건 종교 재단이 세운 학교만의 장점이라고 볼 수도 있어요. 청소년기는 가치관이 형성

되는 시기니까 인성 교육에도 좋을 것 같고요."

교내 종교 행사 반대 팀의 이현이가 입을 열었다.

"방금 찬솔이가 청소년기가 가치관이 형성되는 시기라고 했는데, 전 그렇기 때문에 더욱더 종교 교육에 신중해야 한다고 봐요. 현재 종교 학교에서 하는 종교 교육은 단순한 교육을 넘어서 신앙을 강요하는 수준이에요. 기독교 학교에서는 다 같이 모여서 예배를 드리는데, 예배라는 건 원래 신자들끼리 모여서 신을 섬기는 그런 자리 아닌가요? 기독교를 믿지도 않는 사람에게 예배에 참여하라는 건 종교의 자유를 억압하는 행위라고 생각해요."

이현이의 발언에 같은 팀에 속한 우제가 덧붙였다.

"맞아요. 성경 시간에는 하나님에게 순종해야 한다고 주입식 교육을 하고, 시험을 볼 때는 신자가 아니어도 교리를 달달 외워서 자신의 생각과는 다른 답을 적어 내야 한다고 해요. 그래서 종교 학교를 다니거나 졸업한 학생들이 오히려 종교에 대해 부정적인 생각을 가지는 경우가 많다고 하더라고요. 저는 종교 교육만큼은 최대한 중립적인 입장을 취해야 한다고 생각해요."

종교 교육만큼은 최대한 중립적인 입장을 취해야 한다? 아이들은 '장난꾸러기 우제가 웬일로 저렇게 어려운 말을 쓰지?' 하며 놀란 표정을 지었다. 이때 교내 종교 행사 찬성 팀의 경서가 오랜만에 손을 들었다.

"우제가 종교 교육의 중립성에 대해 말했는데, 종교 교육은 어느 한쪽으로 치우치지 않고 중간 입장을 취해야 한다는 말이지요? 하지만 저는 종교 교육의 중립성만큼이나 자율성 또한 중요하다고 생각합니다. 제가 자료를 찾아보니까 헌법에 종교의 자유에 대한 부분이 있더라고요. 종교의 자유에는 종교 교육의 자유도 포함되며, 사립 학교는 스스로 세운 방침에 따라 종교 교육을 할 수 있다고 나와 있어요. 공립 학교와는 달리, 학생들을 어떻게 교육할지 결정할 자유가 있다는 거죠. 저도 기독교 신자는 아니지만, 기독교 학교에서 교리를 가르치는 것은 교육의 자유에 따른 것이라고 생각해요."

교내 종교 행사 반대 팀의 영선이가 마지막 반박을 하기 위해 나섰다.

"학교의 가장 기본적인 기능은 학생들을 보호하고 교육하는 거예요. 개인의 종교의 자유를 침해하면서까지 종교 행사에 참여하도록 강요하는 게 과연 학생들의 교육에 도움이 될까요? 선교를 목적으로 학생들이 공부할 시간을 빼앗는 것도 학생들에게 피해를 주는 일이고요. 학생들의 인성 교육에도 오히려 특정 교리나 종교 의식을 강요하지 않는 게 훨씬 낫다고 생각해요."

아이들의 토론이 예상외로 치열해지자 놀란 표정을 짓고 있던 선생님이 입을 열었다.

"자, 교내 종교 행사 참여에 찬성하는 팀도, 반대하는 팀도 모두 설득력이 있는 주장을 해 주었어요. 그렇다면 대법원은 이 문제에 대해 어떤 판단을 내렸을까요? 대법원은 2004년 대광 고등학교 강의석 사건에서는 학교를 자유롭게 선택할 권리가 없는 고등학생에게 예배를 강요하는 것은 종교의 자유를 침해하는 것이라고 판결했어요. 이에 따라 교육청은 종교 과목을 개설할 때 대체 과목을 함께 개설하도록 하여 학생에게 선택권을 주게 하였지만, 현실에서 제대로 지켜지지 않아 논란이 있지요. 대학교의 경우, 대법원은 학생들이 대학교를 자율적으로 선택하여 가는 것이므로 채플 등의 종교 행사를 졸업 요건으로 정하는 것에 문제가 없다는 판결을 내렸어요. 그러나 최근 국가인권위원회가 필수 과목인 채플이 학생의 종교 자유를 침해할 우려가 있다며 대체 과목 마련을 권고한 바가 있습니다. 대학교들도 요즘은 예배 대신 강연이나 공연 등 문화 행사로 종교 행사를 대신하는 변화를 보여 주고 있기도 하고요. 충분히 생

각해 볼 거리가 되었다면, 오늘 토론은 여기에서 마치겠습니다. 그럼 다음 시간에 만나요."

영선이는 석가 탄신일의 연등도, 부활절의 달걀도, 크리스마스의 선물도 모두 좋아하는 스스로를 돌이켜 보았다. 아직 종교에 대해 분명한 생각을 갖고 있는 것은 아니지만 언젠가 종교를 택하게 된다면 누군가의 강요에 의해서가 아니라 스스로 판단해서 결정하고 싶은 것이 영선이의 바람이다. 종교 재단이 설립한 학교에 진학하는 것은 영선이의 선택을 도와줄 수도, 방해할 수도 있을 것이다. 영선이는 주변에 있는 학교들을 떠올려 보며 골똘히 생각에 잠겼다.

쟁점 2.
양심적 병역 거부는 타당할까?
양심의 자유 vs 병역의 의무

"이현아! 같이 가자!"

월요일 아침 등굣길. 무수히 많은 아이가 학교 앞 횡단보도 앞에 서 있었다. 경서는 앞에 서 있는 이현이를 발견하고 뛰어가 이현이 옆에 나란히 섰다. 표정을 보니 무언가 궁금한 게 있는 듯했다.

"응, 경서야. 월요일이라 그런지 아침부터 정신이 없네. 토론 준비도 아직 못 했어."

"나도 월요일이라 뒤죽박죽이야. 그런데 너 혹시 저기 버스 정류장 건너에 있는 큰 건물이 무슨 건물인지 아니?"

"새로 생긴 건물? 나도 궁금했어. 십자가 표시가 있는 걸 보니까 교회 같던데?"

"음, 우리 사촌 형이 그러는데, 저저 사이비 종교에서 '왕국회관'이라고 부르는 거래. 여호와의 증인이라고 너도 들어 봤지?"

"여호와의 증인? 그게 사이비 종교야? 그냥 기독교의 한 종류 아닌가? 우리 엄마 친구분도 그 종교 믿으시는걸? 우리가 알고 있는 기존 종교와 다르다고 해서 틀리다고 할 수는 없대."

"나도 잘은 모르지만 여호와의 증인은 수혈을 금지하잖아. 신도들이 다쳐도 수혈을 거부해서 죽는 경우도 있대. 종교 때문에 사람이 죽도록 내버려 두는데, 이래도 사이비 종교가 아니야?"

"나도 그런 기사는 본 적 있어. 내가 읽은 건 여호와의 증인이 자녀의 수혈을 거부한 사건이었어. 다 큰 어른이 종교적인 이유로 스스로 수혈을 거부하는 건 어쩔 수 없다고 해도, 부모가 자기 멋대로 아이의 수혈을 막은 건 정말 잘못된 일이라고 생각해."

"그리고 여호와의 증인은 군대도 안 간대."

경서의 말에 이현이는 깜짝 놀랐다.

"정말? 군대에 안 간다고? 왜?"

"그게 교리래. 모든 전쟁을 반대하고, 사람을 죽이기 위한 훈련을 하는 것도 반대하기 때문에 총을 잡는 것도 거부하는 거야. 그러면 군대 훈련

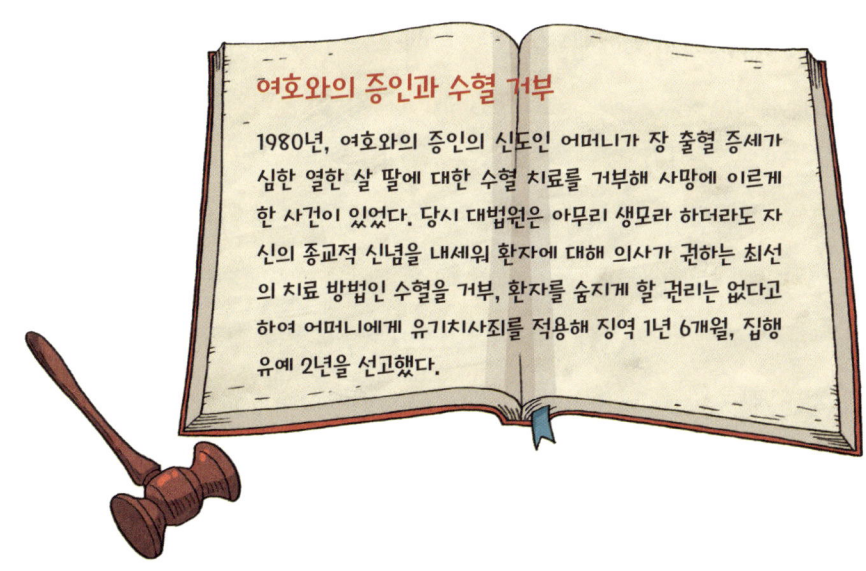

여호와의 증인과 수혈 거부

1980년, 여호와의 증인의 신도인 어머니가 장 출혈 증세가 심한 열한 살 딸에 대한 수혈 치료를 거부해 사망에 이르게 한 사건이 있었다. 당시 대법원은 아무리 생모라 하더라도 자신의 종교적 신념을 내세워 환자에 대해 의사가 권하는 최선의 치료 방법인 수혈을 거부, 환자를 숨지게 할 권리는 없다고 하여 어머니에게 유기치사죄를 적용해 징역 1년 6개월, 집행 유예 2년을 선고했다.

을 받을 수가 없지."

전쟁에 반대한다는 이유만으로 군대에 가지 않는다니, 이현이는 난생처음 듣는 얘기에 혼란스러워졌다.

"하지만 우리나라에서 군대에 안 가면 법을 어긴 게 되잖아?"

"응. 그래서 예전에는 보통 훈련소에서 여호와의 증인 신도가 있는지 먼저 묻고 거부 의사를 확인한 다음에 군사 재판에 넘겼대. 여호와의 증인 신도들은 한 해에도 몇백 명씩 군대에 가는 대신 교도소를 택했다고 해."

"군대 대신 교도소라……. 아, 그게 바로 군 복무가 양심에 반한다는 이유로 병역을 거부하는 '양심적 병역 거부'로구나? 다음 토론 주제인데,

아직 자료를 찾지 못해서 네 얘기가 생소했어."

"응, 맞아. 나도 토론 준비하면서 여호와의 증인에 대해 처음 알았어. 우리나라의 양심적 병역 거부자들은 대부분 여호와의 증인이래. 하지만 다른 종교나 신념 때문에 군대에 안 가는 사람들도 늘어나고 있다고 해."

"그렇구나. 네 얘기를 들으니까 다음 토론도 기대된다. 난 양심적 병역 거부에 찬성하는 팀인데, 경서 너는 반대하는 팀이지? 어떤 주장이 나올지 기대되는걸? 나도 분발해서 열심히 준비해야지!"

"하하하. 긴장되는데? 그럼 오늘도 수업 잘 듣고 이따 학원에서 보자."

경서와 헤어진 이현이는 '남자라면 꼭 군대에 가야 한다!'며 틈만 나면

군대 이야기를 즐겨 하던 아빠가 생각났다. 연예인들이 군대 생활을 체험하는 예능 프로그램도 떠올랐다. 신체를 단련하는 훈련도 하고 맛있는 '군대리아'도 먹으며 군 생활을 체험하는 연예인들의 모습이 마냥 신기하고 재미있어 보였었다.

그런데 남자들이 모두 군대에 가지 않겠다고 선언한다면 우리나라는 어떻게 될까? 생각만으로도 불안하고 걱정스러운 마음이 들었다. 하지만 그렇다고 해서 어떤 사람에게는 목숨만큼이나 소중할 수 있는 종교나 신념을 포기하고 군대에 가라고 강요할 수 있는 걸까? 이현이는 머릿속이 복잡해지는 것을 느끼며 발걸음을 재촉했다.

기다리던 토론 시간. 오늘도 아이들은 수업이 시작되기 직전까지 막판 준비에 열을 올리고 있었다. 선생님이 들어오며 토론 수업이 시작되었다.

"오늘의 토론 주제는 '양심적 병역 거부는 타당한가?'예요. 여러분도 잘 알다시피 우리나라 남자들은 모두 병역의 의무가 있기 때문에 군대에 가야 해요. 하지만 개인의 종교나 신념에 의해 군대에 갈 수 없다면 어떨까요? 종교의 자유 혹은 양심의 자유와 국민으로서의 병역 의무가 충돌하게 될 거예요. 현재 우리나라는 2020년부터 종교적 신념에 따른 대체 복무 제도를 허용하기 시작했어요. 양심적 병역 거부에 대한 여러분의 의견은 어떤가요?"

양심적 병역 거부 반대 팀의 경서가 먼저 손을 들었다. 경서는 이번 토론을 앞두고 신문 기사와 인터넷 뉴스 등을 샅샅이 검색해 보며 여느 때보다 많은 준비를 했다. 어려운 주제이니만큼 정확한 자료 조사가 생명이라 여겼기 때문이다.

"우리나라는 현재 휴전 상태입니다. 잊을 만하면 북한에서 도발을 하니까요. 이렇게 한 치 앞도 예측할 수 없는 상황에서 양심적 병역 거부를 허용하는 것은 매우 위험합니다. 군인 수가 줄어들면 그만큼 군사력이 떨어져서 나라가 위태로워질 테니까요. 게다가 군대는 사회적으로 매우 민감한 문제입니다. 우리나라 국민들 사이에는 '내가 군대 가면 너도 가야 한다.'라는 정서가 깔려 있잖아요? 연예인이나 운동선수가 군대에 안 가면 우리나라에서 살기 어려워질 정도로 손가락질을 당하곤 하니까요. 양심적 병역 거부로 인한 대체 복무 제도는 앞으로 군대를 가야 하는 사람들, 그리고 군대를 다녀온 사람들에게 허탈감을 줄 수도 있고요."

경서의 말이 끝나자 양심적 병역 거부 찬성 팀의 이현이가 손을 들었다. 이현이는 토론을 준비하면서 단지 여호와의 증인 신도들뿐만 아니라 양심의 이유로 병역을 거부하는 사람들이 많다는 사실을 새롭게 알게 되었다. 2009년부터는 '입영 및 집총 거부'라고 표현하기도 한다는데, 사전을 찾아보니 '집총'은 '총을 잡는 행위'라는 뜻이었다.

"수차례의 전쟁을 겪고 현재도 전쟁 위험 지역인 이스라엘에서도 양심적 병역 거부를 인정하고 있습니다. 그렇다면 우리나라가 휴전 국가라는 사실은 양심적 병역 거부를 반대하는 이유가 되지 못하겠죠? 저는 외국과 달리 우리나라에서 최근까지 양심적 병역 거부를 인정하지 않았던 것은 인권에 대한 인식이 부족했기 때문이라고 생각해요. 사실 종교나 신념으로 인해 전쟁에 반대하는 사람에게 군인이 되기를 강요하는 것은 인권

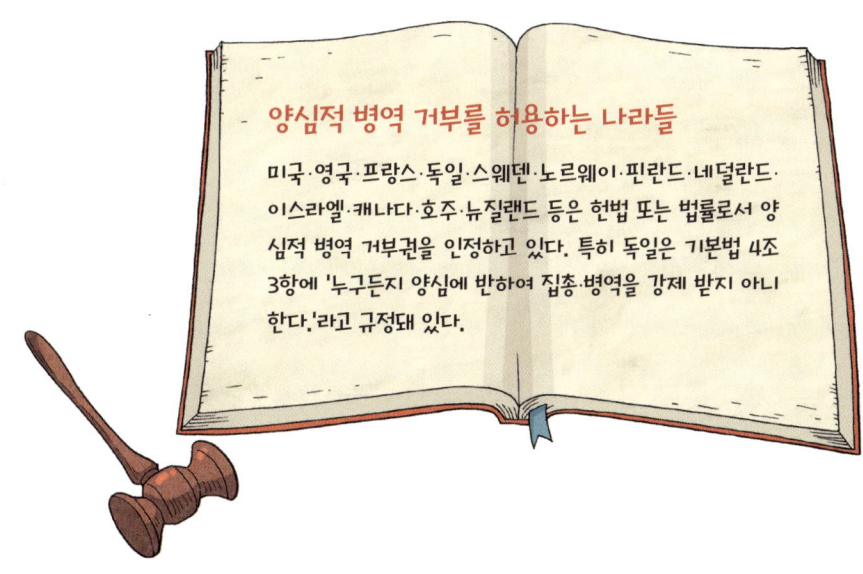

양심적 병역 거부를 허용하는 나라들

미국·영국·프랑스·독일·스웨덴·노르웨이·핀란드·네덜란드·이스라엘·캐나다·호주·뉴질랜드 등은 헌법 또는 법률로서 양심적 병역 거부권을 인정하고 있다. 특히 독일은 기본법 4조 3항에 '누구든지 양심에 반하여 집총·병역을 강제 받지 아니한다.'라고 규정돼 있다.

을 엄청나게 침해하는 행위잖아요. 평화주의자에게 총을 잡고 사람을 쏘는 훈련을 하라고 시키면 얼마나 괴롭겠어요."

이현이의 발언이 끝나자 반대 팀의 찬솔이 고개를 갸웃하며 말했다.

"하지만 찬성 팀의 주장은 현실적으로 어려움이 많을 것 같은데요. 우리나라에서 군대에 가고 싶어서 가는 사람이 얼마나 될까요? 입대하기 싫은 사람들이 모두 다 양심적 병역 거부를 해 버리면, 나라는 누가 지키나요? 너도나도 종교 핑계를 댈 수도 있어요. 병역 기피 문제가 심해져서 나라의 질서가 무너질 수도 있고요."

찬성 팀의 영선이가 예상한 반응이라는 듯 침착하게 대답했다.

"물론 너도나도 병역 기피를 하는 일이 없도록 제도를 잘 만들어야 합니다. 정말 양심적인 이유로 병역을 거부하는 것인지를 철저히 검증해야 하겠지요. 또 양심적 병역 거부자라고 해서 병역 의무를 완전히 면제하는 게 아니라, 군사 훈련을 받지 않는 다른 방법으로 군 복무를 대체할 수 있는 제도가 있습니다."

영선이의 발언에 선생님이 입을 열었다.

"방금 영선이가 말한 제도를 '대체 복무제'라고 해요. 대체 복무제는 군대에 가지 않는 사람들에 비해 군대에 간 사람들이 억울함을 느끼지 않도록 양심적 병역 거부자들에게 군 복무 기간과 동일한 기간 혹은 더 긴 기간 동안 사회 복지 기관 등에서 일을 하도록 하는 제도입니다."

이번에는 양심적 병역 거부 반대 팀의 나정이가 기다렸다는 듯이 손을 번쩍 들며 입을 열었다.

"음······. 양심적 병역 거부를 나쁘게 이용하는 사람들을 철저하게 가려낸다는 게 말로는 참 쉬운데요. 이 사람이 정말로 양심적인 판단에 의해 군대에 가지 않으려는 건지, 아니면 군대에 가기 싫어서 양심이라는 핑계를 대고 있는 건지를 어떤 기준으로 판단하나요? 입대를 앞둔 사람들이 종교를 바꾸려 하거나, 정치인이나 재벌들이 자식을 군대에 보내지 않기 위해서 뒷거래를 하는 일도 종종 일어날 것 같아요."

나정이의 발언을 듣고 있던 반대 팀의 경서가 바통을 이어받았다.

"나정이가 지적한 현실적인 문제들 말고도, 저는 기본적으로 양심의 자유가 국방의 의무보다 우선하는 가치는 아니라고 생각합니다. 개인의 양심도 물론 중요하지만, 그 양심을 표현하는 데에는 어느 정도 제한이 필요합니다. 또 병역의 의무는 궁극적으로 국민 전체를 안전하게 보호하기 위한 것이므로, 개인의 양심보다 더 중요하다고 볼 수 있습니다. 양심적 병역 거부자도 결국 국가에 속해 있는 국민이니까요."

경서의 딱딱한 발언에 찬성 팀의 우제가 고개를 저으며 말했다.

"경서의 발언은 국민의 인권을 너무 무시하는 것 같아요. 우리나라에 대체 복무제가 본격적으로 도입되기 전, 전 세계의 양심적 병역 거부 수감자 중 90퍼센트가 우리나라 국민이었다고 해요. 군대를 거부하면 감옥에 보냈으니까요. 대부분 1년 6개월 정도를 감옥에서 보냈다는데, 이건 너무 심하지 않나요? 국방의 의무가 아무리 중요해도 인권보다 중요한 건 아닌데, 군대에 가지 않았다는 이유로 감옥에 보냈던 걸 어떻게 봐야 할까요?"

찬성 팀의 이현이가 우제를 도와 말을 이었다.

"우제의 발언에 덧붙여서 할 말이 있어요. 군대를 거부했다는 이유로

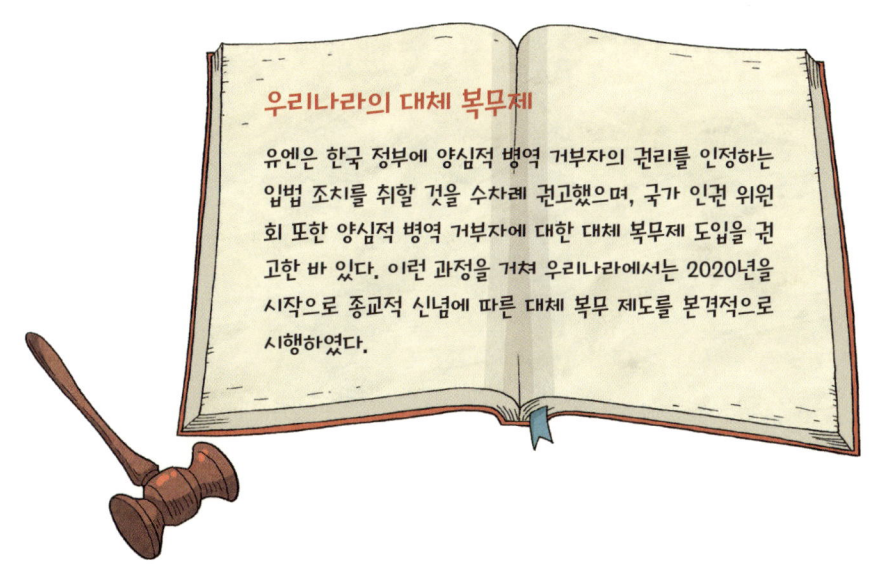

우리나라의 대체 복무제

유엔은 한국 정부에 양심적 병역 거부자의 권리를 인정하는 입법 조치를 취할 것을 수차례 권고했으며, 국가 인권 위원회 또한 양심적 병역 거부자에 대한 대체 복무제 도입을 권고한 바 있다. 이런 과정을 거쳐 우리나라에서는 2020년을 시작으로 종교적 신념에 따른 대체 복무 제도를 본격적으로 시행하였다.

감옥에 갔었던 것도 문제지만, 더 큰 문제는 사회에 나와서부터예요. 사회에 첫발을 내딛은 순간부터 '전과자'라는 '주홍 글씨'가 새겨졌으니까요. 진작에 대체 복무제를 활용했다면 국방의 의무와 양심적 병역 거부가 충분히 조화를 이룰 수 있는데, 왜 그런 제도를 이제야 만들었는지 모르겠어요."

찬성 팀의 이현이와 우제의 호흡이 척척 맞았다. 우제는 이현이에게 눈을 찡긋한 뒤 마무리 발언을 했다.

"맞아요. 양심을 지키려면 감옥에 가라는 건데, 양심과 감옥 생활을 맞바꾼다는 게 말이 되나요? 그리고 국방의 의무가 양심의 자유보다 우월한 가치라니, 오히려 그 반대죠. 이번 토론을 준비하면서 인권 위원회가 국회와 국방부에 대체 복무제 도입을 주장한 자료를 찾았는데, '양심의 자유는 인간 존엄성의 기초로서 국가 비상사태에서도 유보될 수 없는 최상급의 기본권'이라는 표현이 무척 인상적이었어요. 아무리 전쟁 중이어도 인권은 가장 먼저 보호받아야 해요. 국가의 역할이 뭔데요? 국민이 인간답게 행복한 삶을 살 수 있도록 하기 위해 존재하는 거잖아요."

찬성 팀이 토론을 주도하는 듯했다. 이때 반대 팀의 찬솔이가 손을 번쩍 들었다. 평소 찬솔이는 군대와 관련된 프로그램을 즐겨 보며 나라를 지키는 군인들이 멋있다고 생각했었다.

"그런데 군대가 무조건 나쁜 곳은 아니잖아요? 저희 사촌 형은 군대에 가서 몸이 더 좋아지고 단체 생활도 배울 수 있어 좋다고 하던데……. 생활 습관도 규칙적으로 바뀌고 무엇보다 나라를 지킨다는 생각이 들 때마다 뿌듯하다고 했어요. 양심적 병역 거부를 하는 사람들은 군대를 무조건 나쁘게만 보는 것 같아서 이 또한 한쪽으로 치우친 생각 같아요."

진지한 얼굴로 아이들의 토론을 경청하고 있던 선생님이 입을 열었다.

"양심의 자유와 국방의 의무, 개인과 국가 중 어느 쪽이 우선되어야 할까요? 2018년 헌법 재판소는 양심적 병역 거부를 하는 사람들을 감옥에 가두는 법을 위헌으로 판단했어요. 이후로 양심에 따른 병역 거부를 인정하는 판결이 잇따랐지요. 다른 방법으로 병역의 의무를 다할 수 있도록 제도를 만들라고 결정한 거예요. 최근 양심적 병역 거부는 종교에 의한 병역 거부에서 정치적 신념이나 동성애 등 여러 이유로 확대되고 있어요. 소수자의 목소리에 귀를 기울이는 것이 성숙한 민주주의의 모습인 만큼, 병역 의무를 따르는 사람과 그렇지 않은 사람들이 함께 공존할 수 있도록 사회적 공감대를 형성하는 게 필요하겠죠? 양심적 병역 거부와 관련된 토론은 이것으로 마치겠습니다."

쟁점 3.
국민의례는 양심의 자유를 제한하는 것일까?
사상의 자유 vs 국민의 의무

"오늘은 선생님이 여러분에게 즉석 토론을 제안하고 싶은 주제가 한 가지 있어요. 앞의 주제와 마찬가지로 개인과 국가의 문제입니다. 여러분은 조회 시간에 국민의례를 하지요? 별생각 없이 무의식적으로 하는 경우가 대부분이겠지만 사실 국민의례는 국기에 대한 경례와 국기에 대한 맹세를 포함하고 있습니다. 여러분은 자신도 모르는 사이에 국가에 대한 충성을 맹세하고 있는 것이에요."

선생님의 말을 들은 아이들은 어리둥절한 표정이었다. 무의식적으로 했던 국민의례가 국가에 충성을 맹세하는 의미라니……. 생소하기 그지없는 사실이었다. 선생님은 아이들에게 질문을 던졌다.

"종교적인 이유로 혹은 정치적인 이유로 국민의례를 거부하는 사람들이 화제가 되기도 했었지요. 여러분은 국민의례를 거부하는 것에 대해 어떻게 생각하나요?"

먼저 손을 드는 사람은 아무도 없었다. 마침내 정적을 깨고 경서가 말을 꺼냈다.

"저는 그동안 별다른 생각 없이 국민의례를 해 왔는데요, 국기에 대한 경례와 맹세를 한다고 해서 애국심을 강요당한다고 생각하는 건 좀 지나친 생각 같아요. 일부러 꼬투리를 잡는 것 같다고나 할까요? 애국심을 기르는 의미 정도로 보는 게 적당할 것 같습니다. 또 국민으로서 애국심을 갖는 건 당연한 일이고요."

선생님이 빙그레 웃으며 말했다.

"갑작스레 던진 주제인데, 경서가 먼저 발언을 해 주어서 고마워요. 아마 거의 모두가 경서와 비슷하게 생각할 거예요. 여러분은 어른들이 시키는 대로 국민의례를 따라 해야 하는 나이니까요. 문제의식을 갖는 것도 어렵겠죠. 하지만 국민의례에 불만을 가진 어른들은 마음속으로 애국심을 갖는 것과 공개적으로 국가에 대한 충성을 맹세하는 것은 다르게 봐야 한다고 생각해요. 국민의례가 일제 강점기와 군사 정권을 떠오르게 한다는 주장도 있죠."

무언가 떠오른 듯 진지한 얼굴을 한 영선이가 입을 열었다.

"부모님께 들은 얘기인데, 부모님이 어릴 때는 오후 다섯 시가 되면 애국가가 울려 퍼지고 모든 사람이 길을 걷다가도 멈춰 서서 국기에 대한 경례를 해야 했다고 해요. 심지어 영화관에서 영화를 시작하기 전에도 국민의례를 했다고 하더라고요. 그 얘기를 듣고 참 신기했는데……. 저는 종교나 정치적인 이유로 국민의례를 거부하는 사람에게 국민의례를 강요하는 건 폭력이라고 생각해요. 국민의례는 어디까지나 의식일 뿐이지, 의무는 아니니까요."

나정이는 혼란스러운 표정이었다. 평소 별생각 없이 해 온 국민의례까지 종교나 정치적인 이유로 거부한다는 게 잘 이해가 되지 않는 모양이었다.

"하지만 국민의례를 어떻게 안 할 수가 있나요? 개인이 만든 단체면 몰라도, 정부나 공공 기관에서 주최하는 행사에서는 국민의례를 안 할 수가 없잖아요. 그냥 형식적으로 누구나 다 하는 것이기도 하고, 국가에 대한 충성을 확인한다는 의미도 있으니까요. 저는 국민의례는 그저 국민이 국가에 대해 가져야 하는 기본적인 자세를 확인하는 가벼운 의식이라고 생각해요. 우리가 평소에 별다른 생각 없이 국민의례를 한 것도 그런 이

유에서고요. 국민의례가 양심의 자유를 제한한다고 생각하는 건 좀 '오버' 같아요."

팔짱을 끼고 나정이의 말을 듣고 있던 우제가 손을 번쩍 들었다.

"국가적인 행사에서 국민의례를 하는 건 그렇다고 쳐요. 하지만 프로야구 경기 시작 전에 국민의례를 하는 거야말로 '오버' 아닌가요? 다른 나라와 시합을 하는 것도 아닌데, 야구 시작 전에 국민의례를 하는 건 정말 이상해요. 그래서 전 늘 야구장에 갈 때 좀 늦게 가곤 해요. 야구 경기를 즐기러 왔을 뿐인데 왠지 경건함을 강요하는 것 같은 그 분위기가 싫더라고요."

우제의 솔직한 발언에 아이들은 적잖이 놀란 듯했다. 이때 논리적으로 말하기를 좋아하는 이현이가 손을 들고 일어났다.

"저는 국민의례라는 행위 자체보다는, 국민의례에 반대해서 국민의례를 하지 않는 사람들이 무슨 큰 죄라도 지은 것처럼 비난하는 사회 분위기가 더 큰 문제 같아요. 국민의례를 하고 말고는 어디까지나 개인의 자유인데, 왜 나라를 등진 사람 취급하면서 비난을 하는 걸까요? 국민의례를 하고 싶은 사람은 하되, 안 하는 사람에게 어떠한 피해라도 가면 안 된다고 생각해요."

선생님이 고개를 끄덕거렸다.

"이현이가 좋은 지적을 했네요. 그동안 특정 종교의 신도들은 국민의례를 하지 않으므로 다른 학생들과 함께 교육할 수 없다는 이유로 고등학교 입학 허가를 해 주지 않거나, 근로자가 국민의례를 하지 않았다는 이유로 해고를 당하는 일들이 있어 왔어요. 법원은 근로자가 해고된 것에 대하여 국민의례가 법적인 의무가 아니라는 이유로 해고 무효라는 판결을 내렸습니다."

찬솔이가 머릿속이 복잡한 듯 고개를 절레절레 흔들며 입을 열었다.

"그냥 무심코 따라 했던 국민의례가 이렇게 진지한 거였다니, 앞으로는 국민의례도 마음 편히 못 하겠어요."

선생님이 웃으며 말했다.

"이처럼 여러분이 무심코 지나치는 많은 일들이 여러분의 자유와 밀접하게 연관이 되어 있는 경우가 많아요. 여러분이 작은 일이라도 놓치지 않고 깊이 생각해 보는 습관을 길렀으면 좋겠네요. 민주주의는 다양성을 인정하는 것을 중요한 가치로 여깁니다. 국민의례에서 국기에 대한 경례를 하는 것이 옳다고 생각하는 사람도 있을 수 있고, 옳지 않다고 생각하는 사람도 있을 수 있어요. 양심과 사상의 자유는 '서로 다른 생각'을 인정하는 데에서 출발해요. 자신과 다른 생각을 가졌다고 해서 배척하거나 억압해서는 안 된다는 것이지요. 여러분이 국민의례를 하지 않는 사람을 봐도 이상하게 여기는 대신, 그 사람에게 다가가 그의 생각을 듣고 함께 토론할 수 있는 자세를 갖기를 바랍니다. 그럼 오늘은 이것으로 마치겠습니다. 다들 수고했어요."

이현이는 조회 시간을 돌이켜 보았다. 국민의례를 할 때면 마치 일제 강점기의 독립투사가 된 것처럼 엄숙한 기분이 들면서 갑자기 숙연해지곤 했다. 국기에 대한 맹세의 내용은 너무 많이 들어서 다 외울 정도로 귀에

익었지만, 그 내용에 대해서 심각하게 생각해 본 적은 없었다. 다시 생각해 보니 나 대신 스피커 속의 녹음된 목소리가 국가에 대한 충성을 맹세해 주고 있는 것 같아 찜찜한 기분이 들었다.

전생에 독립운동가였을 거라고 얘기할 정도로 애국심이 깊다고 자부해 온 이현이였지만, 누군가에게는 그 애국심을 강요한 것일지도 모른다는 생각에 머릿속이 복잡해졌다. 이현이는 이제부터 국민의례 시간에 누가 시켜서가 아닌 스스로의 의지로 진지하게 임해야겠다고 다짐했다.

함께 정리해 보기
마음의 자유와 법에 대한 쟁점

법보다 자유가 우선	논쟁이 되는 문제	자유보다 법이 우선
학생들에게 종교 행사를 강요하는 것은 종교의 자유를 침해하는 것이므로 타당하지 않다.	교내 종교 행사 강요는 타당할까?	종교 단체가 설립한 학교는 학교의 설립 목적에 따라 종교 교육을 위한 종교 행사를 강요할 수 있다.
종교와 신념에 반하는 병역 의무를 강제하는 것은 옳지 않다. 국방의 의무는 대체 복무 제도를 통해서도 이행할 수 있다.	양심적 병역 거부는 타당할까?	양심적 병역 거부를 인정하는 것은 형평성에 어긋나며, 휴전 국가인 우리나라의 현실상 병역 의무는 필수적이다.
국민의례는 국가에 대한 충성과 애국심을 강요하므로 양심의 자유를 지나치게 제한하는 것이다.	국민의례는 양심의 자유를 제한하는 것일까?	국민의례는 국민이 국가에 대해 가져야 하는 기본적인 자세를 형식적으로 나타내는 것에 불과하므로 양심의 자유를 해치지 않는다.

5장 평등할 자유와 법

'자유보다 평등이 우선' 팀

자유는 평등하게 주어질 때 의미가 있으므로 평등을 위해 누군가의 자유를 제한하더라도 감수해야만 해. 평준화 교육이 각자의 학업 수준에 맞는 교육을 받을 수 있는 자유를 제한한다 하더라도, 그 제한은 모든 학생들이 평등한 교육을 받아야 한다는 더 큰 가치를 실현하기 위한 것이야. 시각 장애인만 안마사가 될 수 있게 하는 것도 마찬가지야. 시각 장애인들은 택할 수 있는 직업의 폭이 매우 좁아서 생계유지가 어려운 만큼 그들에게 안마사가 될 수 있는 우선권을 주어서 평등을 실현하는 것이지.

'평등보다 자유가 우선' 팀

지나친 평등은 자유를 무의미하게 만들어. 평준화 교육은 학생들에게 평등한 교육을 받게 하기 위한 것이지만 학생과 학부모가 학교를 선택해서 원하는 교육을 받을 수 있는 자유를 박탈하는 것이기도 해. 평등은 합리적인 이유가 있는 차별을 허용하는 만큼, 학생과 학부모의 자유를 보장해서 수준에 맞는 교육을 받도록 하는 것이 오히려 진정한 의미의 평등이 아닐까? 안마사의 자격을 시각 장애인으로만 제한하는 것 또한 장애가 없는 일반인들의 직업의 자유를 지나치게 제한하는 것이라서 옳지 않아.

평등할 자유와 법

평등하게 자유로운 사회를 꿈꾸며

"언니!"

나정이는 인터넷 서핑을 하는 언니의 등 뒤로 살금살금 다가가 언니를 와락 껴안았다.

"으악! 나정아! 언니 간 떨어지겠다!"

"히히, 그런데 언니 뭐 보고 있었어?"

모니터에는 화려한 드레스를 입은 아름다운 젊은 여인의 초상화가 띄워져 있었다. 초상화 밑에 설명 글을 보니 '마리 앙투아네트의 초상'이라고 쓰여 있었다.

"마리 앙투아네트? 나 이 사람 알아! 만화에서 봤는데 굶주림에 시달리는 프랑스 국민들에게 '빵이 없으면 케이크를 먹으면 되지.'라고 했다는 사람 아니야? 그거 보고 무슨 왕비가 저렇게 개념이 없냐고 생각했었는데. 사치가 너무 심해서 프랑스 혁명의 원인이 되기도 했다며?"

"응. 루이 16세의 왕비야. 케이크 일화 때문에 '원조 된장녀' 취급을 받고 있지만 실제로 마리 앙투아네트가 그런 말을 한 기록은 없대. 프랑스 혁명을 일으킨 사람들이 국민들을 선동하기 위해 지어낸 얘기인 거지. 혁명이 일어난 원인도 마리 앙투아네트 때문만은 아니었어. 훨씬 이전부터 있던 상처가 곪고 곪아 마침내 터진 거지."

언니의 설명을 들은 나정이는 고개를 갸우뚱거렸다.

"곪고 곪은 상처? 나는 프랑스 국기가 프랑스의 혁명 정신인 자유, 평등, 박애를 상징한다는 것 말고는 프랑스 혁명에 대해서 잘 몰라. 언니는 혁명이 왜 일어난 건지 알고 있어?"

"나도 이번에 숙제하다가 알았지, 뭐. 프랑스 혁명은 18세기 말에 일어났는데, 당시 프랑스는 국왕 아래 성직자, 귀족, 평민 계급으로 나뉘어 있었대. 프랑스 전체 인구의 2퍼센트에 불과한 왕과 성직자, 귀족들이 엄청난 부를 누리면서 세금도 내지 않았다고 해. 나머지 98퍼센트의 평민들은 정치에 참여할 수도 없으면서 무거운 세금을 내야 했고."

"그건 너무 심한데? 왜 놀고먹는 사람들을 위해 세금을 내?"

"그러게 말이야. 결국 왕과 귀족들이 사치를 일삼아서 국가 재정에 구멍이 났고, 특권층은 이 구멍을 메우기 위해서 국민들을 더 심하게 착취

했대. 결국 참다못한 시민들이 자유롭고 평등한 사회를 건설하겠다며 왕과 귀족들을 몰아낸 게 프랑스 혁명이야. 시민들이 앞장서서 왕과 귀족들을 단두대 위에서 처형하고, 왕이 없어진 프랑스는 국민들이 투표로 뽑은 대표자들이 다스리는 공화국이 되었어."

"우와……. 학교로 치면 아이들이 똘똘 뭉쳐서 나쁜 선생님을 몰아낸 거나 마찬가지네? 시민들이 신분의 굴레를 벗어나서 자유와 평등을 외치다니, 프랑스 혁명은 정말 기존 생각을 뒤엎는 일이었구나."

"응, 그렇지. 프랑스 혁명 당시 국민 의회가 발표한 인권 선언은 현대 민주주의의 이념을 모두 담고 있다고 해도 과언이 아니야. 지금 읽어도 참 대단하다는 생각이 든다니까?"

"현대 민주주의의 이념이라니……. 나한테는 조금 어려운 거 같아."

프랑스 혁명에 대해 열심히 설명하는 언니를 보며 나정이는 프랑스 혁명에 대한 호기심이 생겼다. 어떻게 시민들이 몇 세기에 걸쳐 내려온 신분 제도를 뒤엎고 혁명을 일으킬 수 있었을까?

"내일 수업 시간에 발표하려고 인권 선언 프린트해 놓은 게 있는데, 이따 보여 줄게. 나정이 네가 알고 있는 자유, 평등, 박애는 프랑스 혁명의 구호야. 이 이념은 다른 나라에도 전파되어서, 사람들은 어떻게 하면 자유를 잃지 않으면서 평등한 사회를 만들 수 있을지 고민하게 되었대. 프랑스 혁명으로 인해서 우리가 자유롭고 평등한 시민 중심의 사회에서 살 수 있게 된 거지. 전 인류는 프랑스에 빚을 지고 있는 걸지도 몰라."

"멋지다! 마침 다음 토론 주제가 '평등할 자유'인데, 언니 설명을 듣고

나니까 자유와 평등에 대한 생각이 더 많아지는걸?"

"나도 토론 준비하는 거 도와줄 테니까 다음 시간에 멋지게 활약해 봐!"

나정이는 영화 〈레 미제라블〉 예고편에서 본 프랑스 혁명 시기의 평민 계급을 떠올렸다. 귀족들의 착취 때문에 참혹한 삶을 살아가던 평민들. 그들은 모든 인간은 자유롭게 태어난 평등한 존재라고 외치며 들고 일어났다. 목숨을 걸고 거리로 나간 수많은 사람이 없었다면, 지금의 대한민국도 조선 시대처럼 신분 제도가 남아 있었을지도 모른다.

나정이는 다음 토론을 앞두고 '평등'이 무엇인지에 대해 생각해 보기로 했다. 평등은 공기처럼 너무나 당연한 가치라고 생각해 왔는데, 앞서간 사람들이 흘린 피로 얻어 낸 가치였다니. 민주주의 사회에 살고 있다는 것에 대해 새삼 고마움과 책임감이 느껴졌다. 소중한 평등의 가치를 물려받은 우리는 이를 어떻게 발전해야 할까?

진정한 평등은 무엇일까?

방과 후 토론 수업이 시작되었다. '평등'이라는 새로운 주제로 토론을 하게 된 아이들의 표정에 긴장감과 기대감이 동시에 서려 있었다. 선생님이 교탁에 서서 토론의 시작을 알렸다.

"지난 시간까지 우리는 자유와 법에 대한 생각을 나눠 보았습니다. 오늘부터 우리는 평등과 자유에 대한 이야기를 해 보려고 해요. 민주주의의 기본 이념은 인간이 자유롭게 태어난 평등한 존재이기 때문에 법을 만인 앞에 평등하게 적용해야 한다는 것이에요. 평등은 자유를 가능하게 하는 중요한 가치이지만, 평등을 주장할수록 개인의 자유를 제한할 수밖에 없는 상황에 놓이기도 합니다. 우리는 그 두 가치의 합의점을 어디에서 찾을 것인가를 결정해야 합니다. 어려워서 무슨 말인지 잘 모르겠지요? 앞으로 토론을 진행하면서 이 미묘한 관계에 대해 자세히 알아볼 거예요. 먼저 평등이 무엇인지에 대한 이야기부터 나눠 볼게요. 자, 누가 먼저 말해 볼래요?"

아이들은 난처한 표정을 지으며 누구 하나 선뜻 나서려 하지 않았다. 평등이 무엇인지에 대해 곰곰이 생각해 보았지만 딱히 떠오르는 말이 없었다.

공평한 것? 차별하지 않는 것? 누구에게나 똑같이 대하는 것? 평등은 대체 무엇일까?

정적이 흐르자 선생님은 칠판에 사과를 두 개 그렸다.

"선생님이 이 사과를 A와 B에게 나눠 주려고 해요. 평등하게 나누어 주려면 어떻게 해야 할까요?"

우제가 당연하다는 듯이 대답했다.

"A와 B에게 각각 한 개씩 주시면 됩니다!"

"그래요. 일단 모든 사람에게 똑같은 대우를 해 주는 것이 평등하다고 할 수 있을 거예요. 그런데 알고 보니 A는 집이 여유로워서 사과를 매일

배가 부르도록 먹을 수 있고, B는 집이 매우 가난해서 선생님이 주는 사과 말고는 먹을 게 없는 상황이라면 어떨까요?"

이현이가 냉큼 말했다.

"그럼 굳이 A와 B에게 같은 양을 나누어 줄 필요는 없어요. 사과 두 개를 모두 B에게 줘야죠!"

그러자 경서가 고개를 갸웃거리며 이해하기 어렵다는 표정으로 물었다.

"하지만 A가 부자고 B가 가난하다고 해서 A가 정당하게 받아야 할 사과를 받지 못하는 것은 오히려 A를 차별하는 거 아닌가요?"

선생님이 경서를 바라보며 말했다.

"경서가 아주 좋은 지적을 했어요. 다른 조건의 A와 B에게 같은 대우를 하는 것은 형식적 의미의 평등이라고 할 수 있고, A와 B가 다른 조건이기 때문에 다른 대우를 하는 것은 실질적 의미의 평등이라고 할 수 있어요. 우리 헌법이 선언하고 있는 '평등'은 절대적 평등이 아니라, 합리적 이유가 있는 차별을 인정하는 상대적 평등입니다. 소수자를 존중하고 약자를 보호하기 위한 정의로운 차별이라면 용인하는 것이지요. 자본주의의 수많은 문제점으로 인해 현대 복지 국가는 기회의 평등을 넘어 결과의 평등을 추구하게 되었답니다. 그동안 사회적 약자로 소외당했던 사람들에게 보상을 해 주는 차원에서 우선권을 주기로 한 거예요."

선생님의 설명을 들은 아이들이 고개를 끄덕거렸다.

"선생님, 그럼 경서가 지적한 문제는 어떻게 봐야 하나요? A가 오히려 차별을 받는 거요."

찬솔이가 질문을 던졌다. 찬솔이는 강남에 있는 큰 아파트에 살면서 외제 자동차를 타는 고모가 '어마어마한 부자도 아닌데 세금을 너무 많이 낸다.'며 불평을 하던 기억이 났다.

"경서 말대로 A가 부자라는 이유로 사과를 받지 못하는 걸 '역차별'이라고 해요. 역차별은 사회적 약자를 지나치게 배려해서 오히려 여유로운 사람들이 나쁜 대우를 받는 불평등한 상태를 말해요. 실질적 의미의 평등을 추구하다 보면 역차별 논란을 피하기 어려운 경우가 생기죠. 말도 어렵고 뭔가 복잡하게 느껴지죠? 앞으로 여러분은 평등하고 자유로운 사회를 위해 우리가 어떤 가치를 추구해야 하는지에 대해 토론해 볼 거예요. 모두가 자유롭게 능력을 발휘하며 노력에 대한 정당한 보상을 받는 사회를 만들기 위해 어떻게 해야 할지 함께 생각해 보기로 해요."

쟁점 1.
고교 평준화 제도는 평등한 것일까?
교육의 평등 vs 지나친 획일화

"정연이 누나, 안녕하세요!"

찬솔이는 엘리베이터에서 옆집에 사는 정연이 누나를 만나 반갑게 인사했다. 누나는 찬솔이가 어렸을 때부터 찬솔이와 잘 놀아 주었는데, 지난해 고등학생이 된 이후로는 얼굴을 보기 어려워졌다. 옆집 아주머니 말로는 밤늦게까지 공부를 하느라 집에서도 얼굴 볼 틈이 없다고 했다. 아파트에서 똑똑하기로 소문난 누나는 성격도 매우 착해서 찬솔이가 무척 따랐었다.

"어, 찬솔이다! 그동안 잘 지냈니?"

"네! 잘 지냈어요. 누나는 요즘 왜 이렇게 얼굴 보기가 힘들어요? 학원 많이 다니나요?"

정연이 누나가 조금 피곤해 보이는 표정을 지으며 말했다.

"어, 나는 매일 밤늦게 집에 와. 학원이 늦게 끝나서 요새 좀 힘드네. 오늘은 모의고사 보는 날이라 모처럼 일찍 왔는데, 이따가 또 과외 수업이 있어."

"와, 누나 학교에, 학원에, 과외까지⋯⋯. 정말 힘들겠어요. 그냥 학교만 다니면 안 되나요?"

"나도 정말 그렇게 하고 싶은데 어쩔 수가 없네. 내가 원하는 만큼 학교에서 충분히 배우기가 어려워. 너도 알다시피 친구들 수준이 천차만별이잖아."

"네, 그렇죠. 저희 반만 봐도 벌써 중학교 과정을 공부하는 친구들이 있어요."

"그렇지. 그런데 일반 학교에서는 한 반에 학업 능력이 높은 학생과 낮은 학생이 모여서 수업을 받잖아. 그럼 아무래도 기초가 부족한 학생들 위주로 수업이 이루어져서, 심화 내용을 배우고 싶은 학생들은 학원이나 과외에 의존할 수밖에 없어."

"누나는 공부를 잘하니까 더 그렇게 느낄 것 같아요."

"에이, 찬솔이도 공부 잘하잖아. 그럼 누나 과외 늦어서 빨리 가 볼게! 다음에 또 만나!"

찬솔이는 허겁지겁 엘리베이터에서 내려 손을 흔드는 누나에게 같이 손을 흔들어 주었다.

찬솔이는 옆집 아주머니로부터 학교에서 전교 1등을 놓치지 않는 정연 누나가 과학고에 진학하지 않고 일반 고등학교에 진학한 것을 후회하고 있다는 얘기를 들은 적이 있었다. 일반 고등학교에서는 정연 누나의 수준에 맞는 교육을 받을 수 없다는 것이 이유였다. 아주머니는 입학시험을 보지 않고 추첨으로 고등학교를 배정하는 평준화 제도에 대해 불만이 아주 많았다.

찬솔이는 현관문을 열고 집에 들어갔다. 거실에서 아빠가 책을 읽고 있었다.

"아빠. 아빠는 시험 쳐서 고등학교에 들어갔어요?"

"응, 찬솔아. 아빠가 고등학교에 갈 때는 지금이랑 다르게 고등학교 대부분이 비평준화였어. 지금이야 고등학교 평준화가 되어 학생들에게 대학 입학시험이 가장 중요해졌지만, 아빠 때는 고등학교 시험도 어렵게 쳐서 들어갔단다."

"그럼 수준에 맞는 교육을 받을 수 있어서 좋았겠네요?"

"글쎄다. 그땐 입시 경쟁이 치열해서 문제가 많았지. 중학생들도 공부를 얼마나 열심히 했는데. 지금 너희랑은 달라."

"치, 우리도 노는 거 아니에요. 학원 두세 개씩 다니느라 얼마나 힘들다고요."

"아빠 어렸을 때에 비하면 힘든 것도 아니야. 스트레스가 얼마나 심했는데. 어린 중학생들도 지금 고3들처럼 밤늦게까지 입시 공부에 시달렸고, 부모님들도 자식들 뒷바라지하느라 등골이 휠 지경이었어. 나보다 열한 살 많은 큰 형은 모든 지역이 비평준화일 때 고교 입시를 치렀는데, 너무 스트레스를 받아서 머리가 다 빠질 지경이었대. 그 쪼끄만 중학생이 말이다, 허허."

"그때도 그럼 과외 하고 학원 다니고 그랬어요?"

"그럼! 예전에 아빠가 살던 동네에서는 명문고와 그렇지 않은 고등학교의 수준 차이가 심했어. 성적이 우수한 학생들이 가는 일류 학교는 교육 수준이 정말 높았단다. 아이들이 입학하자마자 대학 입시를 준비했으니까. 일류 학교에 가지 못하면 수준 높은 교육을 받을 기회가 없었어. 그래도 이젠 대부분의 지역이 평준화 제도를 도입해서 모두가 평등하게 교육받게 되어서 참 다행이야."

아빠는 그 시절을 떠올리는 듯 고개를 절레절레 흔들었다.

찬솔이는 평준화 고등학교에 다니는 게 힘들다고 말하던 정연 누나의 지친 얼굴을 떠올렸다.

다음 토론 시간에는 평등을 주제로, 고등학교 평준화 제도에 대한 생각을 얘기해 보기로 했다. 평준화와 평등은 어떤 관계가 있고, 평준화와 비평준화 중 더 나은 선택은 어떤 것일까?

또다시 토론 시간이 찾아왔다. 선생님은 아이들이 생소하게 느낄 수 있는 '평준화'라는 주제에 대해 간략하게 설명하는 것으로 수업의 시작을 알렸다.

"지난 시간에는 평등에 대한 얘기를 해 보았습니다. 오늘은 교육의 평등을 실현하기 위해 도입된 고등학교 평준화 제도에 대해 토론을 해 보려고 해요. 고교 평준화 제도는 각 학교가 학생들을 시험으로 선발하지 않고 추첨을 통해 선발하는 것입니다. 교육 여건을 고르게 해서 모든 학생들에게 동등한 교육 기회를 보장하는 것이지요. 평준화 정책을 도입하기 이전에는 현재의 대학 입시처럼 고등학교 입시가 있어서, 시험에 떨어지는 사람은 재수를 하기도 했습니다. 하지만 학생들을 시험으로 선발하다 보니 학교 간에 교육 수준 차이가 매우 심해졌지요."

고등학교 입학시험에 떨어져서 재수를 하기도 했다니? 아이들은 놀라운 사실에 모두 의아한 표정을 지었다.

전날 아빠로부터 과거 고등학교 입시의 무시무시함을 전해 들은 찬솔이만이 예외였다.

"성적이 좋은 학교는 학교 전체가 공부를 열심히 하는 분위기라서 수업의 질도 높았지만, 성적이 나쁜 학교는 그 반대였어요. 그러자 학교 간 교육 수준 차이가 커졌고 학생들에게 교육의 기회를 평등하게 부여해야 한다며 고교 평준화 제도를 도입한 것이지요. 이후 평준화 지역을 점차 확대하여 현재는 비평준화 지역이 일부만 남아 있어요. 하지만 고교 평준화 제도에 대해서도 말이 많죠. 학생과 학부모가 학교를 스스로 고를 수 있는 선택권을 박탈당했다고 생각하는 사람들도 있거든요. 또 성적이 크게 차이 나는 학생들을 섞어 놓다 보니 학생들이 적절한 수준의 교육을 받지 못하고 실력이 전체적으로 낮아진다는 지적도 있습니다. 여러분의 생각은 어떤지 궁금하네요."

선생님이 설명을 마치자, 고교 평준화 제도에 찬성하는 팀에 속한 우제가 번쩍 손을 들었다.

"평등은 모두에게 똑같은 기회를 주는 것입니다. 그러니까 교육의 기회도 모든 학생에게 똑같이 주어져야 합니다. 현재 평준화 학교에서는 모두가 똑같은 수준의 수업을 듣기 때문에 중학교 때 공부를 열심히 안 했던 학생도 고등학교에 가서 얼마든지 성적을 올릴 수 있습니다. 하지만 비평준화 학교 중에서 성적이 나쁜 학교에 가면 수업의 수준도 낮은 데다가 주변에 공부를 잘하는 친구가 아무도 없어서 성적을 올리고 싶은 의욕이 안 생길 것 같아요."

우제는 비평준화 지역에서 성적이 좋지 않은 학교에 진학해 결국 자퇴를 하고 만 사촌 형을 떠올렸다. 사촌 형은 "학교 분위기 때문에 공부할 맘이 안 생긴다."라고 했었다. 만약 자신이 그런 상황에 처한다면 매우 억울한 기분이 들었을 것 같았다. 우제는 발언을 계속했다.

"저는 전국의 모든 고등학생이 겪는 대학 입시를 달리기 시합이라고 생각해 보았어요. 이 시합이 공정하게 이루어지려면 같은 조건에서 훈련을 받고 모두가 같은 지점에서 출발을 해야 하는데, 비평준화 제도는 그렇지 못해요. 소위 일류 학교의 학생들은 훌륭한 코치의 지도를 받으며 훨씬 앞선 곳에서 출발하는 반면, 삼류 학교의 학생들은 제대로 된 코치도 없이 이렇다 할 훈련도 못 받고 한참 뒤에서 출발하는 셈이에요."

우제가 긴 발언을 마치고 자리에 앉자, 고교 평준화 제도에 반대하는 팀의 경서가 침착하게 말문을 열었다.

"저는 비평준화 제도를 택하는 게 오히려 교육의 평등을 위한 길이라고 봅니다. 지난 시간에 논의한 것처럼, 진정한 의미의 평등은 합리적인 이유가 있는 차별을 허용하는 것 아닌가요? 학생들의 실력은 저마다 다른데 같은 수준의 교육을 받으라고 하는 것은 평등한 것과는 거리가 멀죠. 평준화 제도를 실시한 이후에 우리나라의 공교육이 붕괴하고 학력도 낮아졌다는 내용의 기사를 본 기억이 나요. 저는 이게 다 학생들이 수준에 맞는 교육을 받지 못해서 생긴 일이라고 생각합니다."

반대 팀의 나정이가 경서를 도와 발언에 나섰다.

"맞아요. 경서의 발언에 좀 더 덧붙이자면, 평준화 제도 때문에 공교육이 제 기능을 하지 못하니까 사교육 문제가 더 심각해지고 있는 것 같아요. 이전에도 사교육이 많았다고는 하지만 그때의 사교육은 해도 되고 안 해도 되는 문제였잖아요? 하지만 지금 고등학생 언니 오빠들은 학교를 마치자마자 학원 버스에 타는 게 너무나도 당연해요. 저희 언니를 보니까 여름 방학에도 학원에 다니느라 방학다운 방학을 보내지 못하더라고요."

반대 팀의 경서와 나정이가 발언을 마치자 선생님이 놀라는 표정을 지으며 말했다.

"오늘은 초반부터 반대 팀의 기세가 등등한데요? 반대 팀에서 더 발언

할 사람 있나요?"

이번에는 찬솔이가 나설 차례였다.

"저는 자유의 측면에서 이 문제를 짚어 보겠습니다. 학생과 학부모, 학교는 모두 교육의 자유를 누려야 합니다. 학생이 원하는 학교를 선택할 자유, 학교가 원하는 학생을 선발할 자유도 이에 포함됩니다. 평등을 위해 자유를 포기하라? 이건 좀 잘못된 것 같아요. 학교들이 평준화되면서 어느 학교에 가나 모두 똑같은 수업을 해서 각 학교의 개성이 사라진 것도 아쉬워요. 예전에는 학교마다 문화나 전통이 있어서 선후배 간의 정도 끈끈했다고 들었거든요."

찬솔이의 발언이 끝나자 드디어 찬성 팀에게 공격 기회가 넘어왔다. 변호사를 꿈꿀 만큼 논리적이고 비판적이기로 유명한 이현이가 냉큼 자리를 박차고 일어났다.

"그런 끈끈한 정 때문에 학연 따지는 문화가 생기고 학벌 위주의 사회가 된 것 아닌가요? 입학 성적별로 학교의 서열을 매기거나 편을 가르는 문화는 오히려 평준화 제도 덕에 많이 줄어들었다고 봐요. 평준화를 통해서 학교 간의 수준 차이를 없애면, 학생들 사이의 위화감도 줄어들겠죠. 평준화 이후 학교에서 최고 수준의 교육을 받는 건 어렵지만, 최소한의 교육을 받지 못하는 사람은 없어요. 한편 적성에 맞는 특별한 교육을 받기 원하면 특수 목적고나 대안 교육 특성화고, 예술고 등에 진학할 수도 있고요. 평준화 제도 안에서도 학생들의 선택권은 어느 정도 보장돼 있다고 생각합니다."

반대 팀의 나정이가 이현이의 발언에 반박하기 위해 다시 손을 들었다.
"외국어고등학교, 국제고등학교와 같은 특수 목적 고등학교들은 2025년에 모두 폐지할 예정이기도 하고, 과학고등학교 같은 특목고의 등록금은 일반 고등학교보다 훨씬 비싸요. 학교를 골라 갈 수 있는 것도 잘사는 사람들에게만 해당하는 얘기예요. 게다가 특목고에 가려면 중학교 때부터

입시 경쟁에 시달려야 해요. 평준화 제도는 지역 간, 학교 간, 학생 간의 평등을 실현하기 위해 도입한 제도지만, 실제로는 오히려 교육의 불평등을 심화시켰어요. 사는 지역과 경제 수준에 따라 갈 수 있는 학교가 정해지기 때문에 과거에는 성적으로 결정되던 교육의 수준이, 이제는 부모님이 얼마나 잘사느냐에 따라 결정되게 된 거죠. 이걸 진정한 의미의 평준화라 할 수 있을까요?"

나정이의 날카로운 지적에 찬성 팀은 바짝 긴장한 티가 역력했다. 여기서 어떻게 위기를 모면해야 할까? 골똘히 생각에 잠겨 있던 찬성 팀의 영선이가 모처럼 발언 기회를 얻었다.

"10대 시절에 성적순으로 나뉜 학교에서 교육을 받는 게, 과연 학생들의 인성에 좋은 영향을 줄까요? 공부를 잘하는 학생들만 모인 학교의 학생들은 숨 막히는 경쟁 분위기와 학업 스트레스 때문에 고통받을 거고, 그러면서도 한편으론 일류 학교에 진학했다는 사실에 스스로를 엘리트라고 여기며 으쓱할지도 몰라요. 반대로 공부를 못하는 학교에 진학한 학생들은 스스로를 '루저'라 여기며 주눅 들 수도 있고요. 동등한 교육을 받을 수 있는 기회조차 없는 사회에서 어떤 희망을 가질 수 있을까요? 이건 모두에게 불행한 일이라고 생각해요."

고교 평준화 제도 반대 팀의 찬솔이가 다시 손을 들었다. 찬솔이는 그 어느 때보다 침착한 표정이었다.

"평준화 고등학교에서도 학생들 수준에 따라서 따로 수업을 하거나 자율 학습을 시키기도 하는데, 이런 건 어떻게 봐야 할까요? 성적이 제각각인 학생들이 섞여 있는 평준화 학교일수록, 학교와 선생님의 관심은 성적이 좋은 일부 학생들에게 쏠리기 마련이에요. 그럼 성적이 나쁜 학생들은 소외감을 느끼고, 성적이 좋은 학생들은 자만심에 빠지지 않겠어요? 만약 비평준화 학교에서 자신과 실력이 비슷한 학생들과 어울려 교육을 받으면 성적이 좋은 학생은 겸손함을 배우고, 성적이 좋지 않은 학생도 소외감을 느끼지 않게 될 거예요."

아이들의 토론이 예상보다 길어지고 있었다. 이때 선생님이 정리하기 위해 말을 꺼냈다.

"여러분 모두 평준화 제도에 대해 많이 공부해 왔군요? 선생님은 여러분이 언급하지 않은 부분에 대해서만 살짝 짚어 볼게요. 현재 평준화 지역이 대부분이지만 아직도 비평준화 지역이 남아 있긴 해요. 평준화 지역의 학생들과 비평준화 지역의 학생들 사이의 불평등 문제는 어떻게 생각하나요? 비평준화 지역의 학생들은 시험을 쳐서 고등학교에 들어가기 때문에 중학교 때부터 내신 관리를 철저히 해야 해요. 국어, 영어, 수학 같은 주요 과목 외에도 예체능 과목 또한 신경을 써야 하는 것이지요. 모든 학생들이 대학 입시라는 목표를 놓고 경쟁하는데, 비평준화 지역의 학생들은 평준화 지역의 학생들보다 내신 관리에 더 신경을 써야 하니 이런 점에서 불리하다고 볼 수도 있어요. 여러분이 만약 비평준화 지역의 학생이라면 어떤 주장을 펼칠 수 있을까요? 또 어떤 해결책을 제시할 수 있을까요? 각자 집에 가서 생각해 보기로 해요. 그럼 오늘은 이것으로 마칠게요. 모두 수고 많았습니다."

쟁점 2.
시각 장애인만 안마사가 될 수 있도록 제한하는 것은 타당할까?
직업의 자유 vs 비장애인 역차별

토론 수업이 끝난 후, 학교 운동장을 빠져나오던 경서와 영선이는 학교 앞 상가에 새로 생긴 간판을 발견했다.

「건강 안마원」

"영선아, 너 상가에 안마원 새로 생긴 거 알고 있었어?"

경서는 생소한 이름의 간판을 바라보며 영선이에게 물었다.

"응. 우리 엄마가 지난번에 허리가 아프셔서, 저기 한 번 다녀오신 적 있어."

"안마원은 안마를 해 주는 데인가?"

"그렇겠지? 엄마는 시각 장애인 안마사가 지압을 해 줬는데 몸이 한결 편해졌다고 그러셨어."

"어? 안마사가 시각 장애인이라고?"

"응. 나도 듣고 좀 놀라서 엄마한테 여쭤봤는데, 우리나라에서는 시각 장애인만 안마사를 할 수 있다고 하더라고."

"정말? 난 완전 금시초문인 얘긴데? 그럼 일반인은 안마사가 될 수 없단 말이야?"

"법으로 그렇게 정해져 있나 봐. 시각 장애인은 눈이 안 보이다 보니 촉각이 발달해서 안마에 더 유리하기도 하고, 시각 장애인이 가질 수 있는 직업이 거의 없다 보니 안마사를 시각 장애인만 할 수 있도록 해서 생계를 유지할 수 있게 배려하는 거래."

"그렇구나. 하지만 시각 장애인이 아니라도 안마사가 되고 싶은 사람이 있을 텐데, 그 사람은 처음부터 안마사가 될 기회를 박탈당하는 거잖아. 그건 좀 불평등한 거 같아."

"음. 시각 장애인이 아닌 사람은 안마사가 아니라도 다른 직업을 많이 가질 수 있잖아. 어느 정도는 양보가 필요할 거 같은데, 그걸 불평등하다고 할 수 있을까?"

"어? 저기 선생님 가신다! 우리 선생님께 여쭤볼까?"

퇴근 중이던 선생님이 아이들을 발견하고 웃으며 인사를 건넸다.

"경서랑 영선이, 집에 가는 길이니?"

"네. 선생님, 저 궁금한 게 있는데요. 시각 장애인만 안마사가 될 수 있도록 법으로 정해 놓은 건 불평등한 것 아닌가요? 시각 장애인이 아닌 사람들의 직업 선택의 자유를 침해하는 거잖아요. 또 시각 장애인을 지나치게 보호하는 것 같기도 하고요."

경서의 날카로운 질문에 선생님은 빙그레 웃으며 영선이를 바라보았다.

"경서의 생각은 그렇구나. 영선이 네 생각은 어떠니? 네가 보기에도 불평등한 것 같니?"

영선이는 아리송한 표정을 지으며 대답했다.

"음……. 글쎄요. 일반적인 경우라면 모두에게 직업 선택의 기회를 동

등하게 주지 않는 건 불평등하다고 생각했을 것 같아요. 하지만 시각 장애인의 경우는 좀 달라요. 아까 토론 시간에 배운 것처럼 법적인 평등은 합리적인 이유가 있는 차별을 허용하는 상대적인 평등이잖아요? 시각 장애인의 경우는 눈이 보이지 않는 것도 그렇고, 사회적인 편견 때문에도 보통의 직업을 갖기 어려워요. 그래서 안마사가 택할 수 있는 거의 유일

한 직업이지 않을까요? 이런 걸 생각하면 생계 문제를 생각해서라도 시각 장애인들만 안마사가 될 수 있도록 배려해야 할 것 같아요."

"전 그렇게 생각하지 않아요. 안마사가 되기를 원하면서 생계가 어려운 사람들 중에 시각 장애인만 있는 건 아니잖아요. 그럼 그 사람들은 시각 장애인만 배려하는 법 때문에 오히려 차별을 당한다며 '역차별'을 주장하지 않을까요?"

경서가 끼어들었다. 영선이가 잠시 생각을 하는 사이 경서가 말을 이었다.

"법으로 시각 장애인만 안마사가 될 수 있도록 정해 놓으면, 시각 장애인이 아닌 사람이 돈을 받고 안마를 하는 건 범죄 행위가 되는 거잖아요. 얼마 전에 신문을 보니까 아무리 자격증이 있어도 스포츠 마사지나 발 마사지를 하는 사람들은 불법이라고 하더라고요. 소비자 입장에서도 시각 장애인이 아닌 안마사를 선택할 권리를 빼앗기는 것일 수도 있고요."

자격증이 있어도 시각 장애인이 아니면 마사지를 하는 게 불법이라니……. 영선이는 생전 처음 듣는 이야기에 눈이 크게 떠졌다.

"하지만 시각 장애인이 아닌 사람이 스포츠 마사지나 발 마사지를 하는 곳도 많이 있잖아? 우리 엄마도 얼마 전에 시각 장애인이 아닌 사람이 마사지를 하는 곳에 갔다고 했는데, 그럼 그런 곳들이 다 불법이야?"

경서는 한숨을 쉬며 대답했다.

"그렇대. 일일이 불법인 걸 단속하기 힘들 정도로 그런 경우가 많다는 건 분명 잘못됐다고 생각해. 법이 현실을 제대로 반영하지 못하고 뒤떨어진 규제만 하고 있는 거니까. 안 그런가요, 선생님?"

선생님이 고개를 끄덕이며 말했다.

"영선이와 경서의 말은 둘 다 일리가 있어. 안마사의 자격을 제한하는 것은 '적극적 우대 조치'라는 이념 때문이야. 말이 좀 어렵지? 차별을 없애기 위한 제도인데, 반면 새로운 차별을 조장한다는 비판도 있어. 안마사 자격 제한에 대해서도 장애인의 생존을 위한 어쩔 수 없는 제한이라는 의견과 일반 안마사들을 불법 의료 행위를 하는 사람들로 모는 과도한 제한이라는 의견이 대립하고 있지. 우리 헌법 재판소는 시각 장애인에게만 안마사가 될 수 있는 법률에 대해 여러 차례에 걸쳐 문제가 없다는 결정을 내렸지만, 시각 장애인이 아닌 사람들의 반발도 심했단다. 지금도 여전히 일반인 안마사들이 운영하는 불법 안마원이 많고 말이야."

"선생님, 그러면 법은 어떤 입장을 취해야 하는 걸까요?"

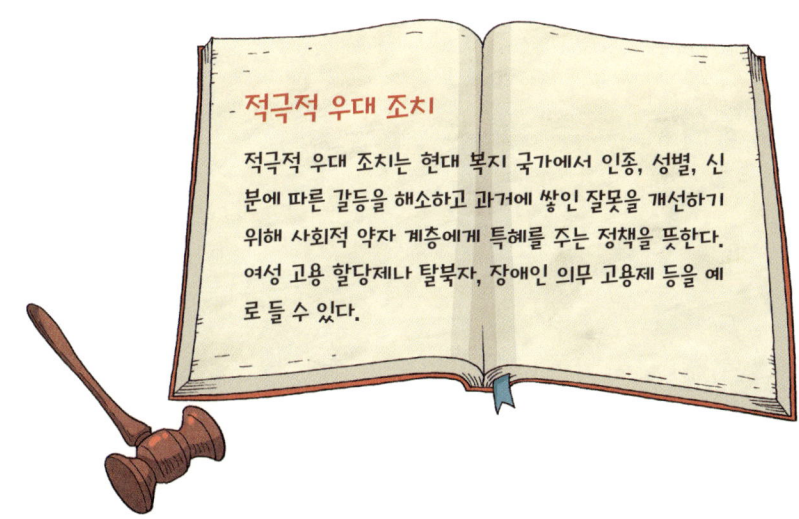

적극적 우대 조치

적극적 우대 조치는 현대 복지 국가에서 인종, 성별, 신분에 따른 갈등을 해소하고 과거에 쌓인 잘못을 개선하기 위해 사회적 약자 계층에게 특혜를 주는 정책을 뜻한다. 여성 고용 할당제나 탈북자, 장애인 의무 고용제 등을 예로 들 수 있다.

선생님의 말을 귀 기울여 듣고 있던 영선이가 물었다.

"글쎄. 법이 현실을 따라가지 못할 때는 국민의 한 사람으로서 어떻게 하는 게 좋을까? 현실을 바꾸거나, 혹은 법을 바꿔야 하겠지? 이 문제에 대해서도 한번 깊이 생각해 보렴."

경서와 영선이는 선생님과 헤어진 후에도 운동장 구석의 놀이터에 남아 안마사 자격을 제한하는 것이 과연 평등한가에 대해 토론을 더 해 보았다. 하지만 쉽게 결론이 나지 않았다. 시각 장애인 입장에서 보면 시각 장애인이 아닌 사람들의 자유를 제한해야만 평등하다고 주장하고, 시각 장애인이 아닌 사람들의 입장에서는 자신들의 자유가 제한되는 것에 따른 불평등함을 주장하니 어느 쪽이 더 평등한 것인지 판단을 내리기가 쉽지 않았다. 경서와 영선이는 자유와 평등의 문제로 씨름을 하다가 다음 토론 시간을 기약하기로 했다. 자유와 평등이라는 두 마리 토끼를 다 잡을 수 있는, 모두가 평등하게 자유로운 사회가 되기를 마음속으로 기원하면서.

함께 정리해 보기
평등할 자유와 법에 대한 쟁점

자유보다 평등이 우선	논쟁이 되는 문제	평등보다 자유가 우선
학업 수준이 다른 학생들이라 하더라도 똑같은 교육을 받는 것이 평등하므로 평준화 교육은 타당하다.	고교 평준화 제도는 평등한 것일까?	평준화 교육은 학생과 학부모의 학교 선택권과 수준에 맞는 교육을 받을 자유를 제한하므로 타당하지 않다.
시각 장애인은 사회적 약자이므로 직업을 선택할 때 우선권을 줄 수 있고, 안마사에 적합한 특성을 가지고 있으므로 안마사 자격을 독점하는 것이 타당하다.	시각 장애인만 안마사가 될 수 있도록 제한하는 것은 타당할까?	비시각 장애인이 안마사가 될 수 없도록 하는 것은 비시각 장애인의 직업 선택의 자유를 침해하는 것이므로 타당하지 않다.

6장 우리가 만드는 좋은 법

법도 결국 인간이 만든 것이기 때문에 '완벽한 법'은 존재하지 않아. 만들 당시에는 올바른 법이었다 할지라도, 시대와 환경이 변하면서 모순된 법으로 전락하기도 하지. 법은 현재를 살아가는 사람들을 위한 것이라서, 현실의 변화를 따라가지 못하는 법이 있다면 그 법을 고치거나 없애 달라는 국민들의 목소리가 커지게 될 거야.

하지만 법을 고치는 건 결코 쉬운 일이 아니야. 그래서 대부분의 법 개정은 현실보다 한 박자 늦어지는 게 대부분이란다. 이러한 특성 때문에 사람들은 종종 잘못된 법으로 인해 고통을 받기도 해. 우리는 앞으로 논란이 많은 법에 대해 이야기를 나눠 볼 거야. 더불어 좋은 법을 만들기 위해 어떤 노력이 필요할지에 대해서도 함께 토론해 보자.

우리가 만드는 좋은 법

법은 언제나 옳을까?

또다시 찾아온 토론 시간, 오늘은 여느 때와 다르게 아이들이 긴장한 기색이 역력했다. 왜냐하면 토론 방식이 바뀌었기 때문. 이번 시간에는 선생님이 사회를 보는 대신 아이들이 직접 사회를 맡아 발표와 질의응답으로 토론을 꾸려 나가기로 했다.

토론의 주제는 '잘못된 법'. 지난 토론이 끝나고, 선생님은 아이들에게 올바르지 않다고 생각하는 법에 대해 각자 조사해 올 것을 숙제로 내 주었다. 올바르지 않은 법이 있다니, 그렇다면 그런 법은 왜 존재하는 것일까? 아이들은 어려운 숙제에 난감해 하며 영 자신이 없는 표정이었다.

"여러분이 모두 풀 죽은 표정을 하고 있는 걸 보니 숙제가 조금 어려웠던 것 같군요. 하지만 우리가 지금까지 해 온 토론을 생각해 보면 별로 어렵지 않을 거예요. 모든 법과 제도에 대해서는 찬성과 반대 의견이 있을 수 있어요. 반대하는 사람 입장에서 보면 그 법은 잘못된 법이고, 찬성하는 사람 입장에서 보면 올바른 법이에요. 특정 법에 반대하는 사람들이 많아지면 결국 그 법은 개정되거나 폐지되는 결과를 낳게 됩니다. 여러분의 의견이 아직은 소수에 불과할지라도 언젠가는 사회 다수의 의견이 되어서 법을 바꿀 수도 있어요. 또 현재는 잘못된 법이 아닐지라도 미래에는 잘못된 법으로 인정될 수도 있답니다. 바로 이 점이 현재의 법에 어떤 문제점이 있는지 충분한 토론이 필요한 이유예요. 자 그럼 시작해 볼까요?"

말을 마친 선생님은 교탁에서 물러나 벽에 기댄 채 아이들을 바라보았다. 첫 번째 발표를 맡은 경서가 평소와는 달리 약간 쭈뼛쭈뼛하며 걸어 나와 교탁 앞에 섰다.

죄에도 유효 기간이 있다?

"저는 얼마 전 부모님과 대화를 하다가 '개구리 소년'에 대한 이야기를 듣게 되었어요. 제가 태어나기 한참 전인 1991년에, 산에 개구리를 잡으러 간 다섯 명의 초등학생들이 실종된 사건이에요. 이 사건에 온 국민의

 관심이 집중되어서 소년들을 찾기 위해 우유갑에 소년들의 얼굴을 인쇄하기도 했대요. 결국 11년 만에 산에서 유골이 발견됐지만, 이제는 공소시효가 지나서 범인을 잡아도 처벌할 수가 없다고 해요."
 경서의 차분한 발표에 토론반 아이들이 순간 조용해졌다. 초등학생 다섯 명이 동시에 실종됐다가 11년 만에 유골로 발견됐는데 범인을 잡지도

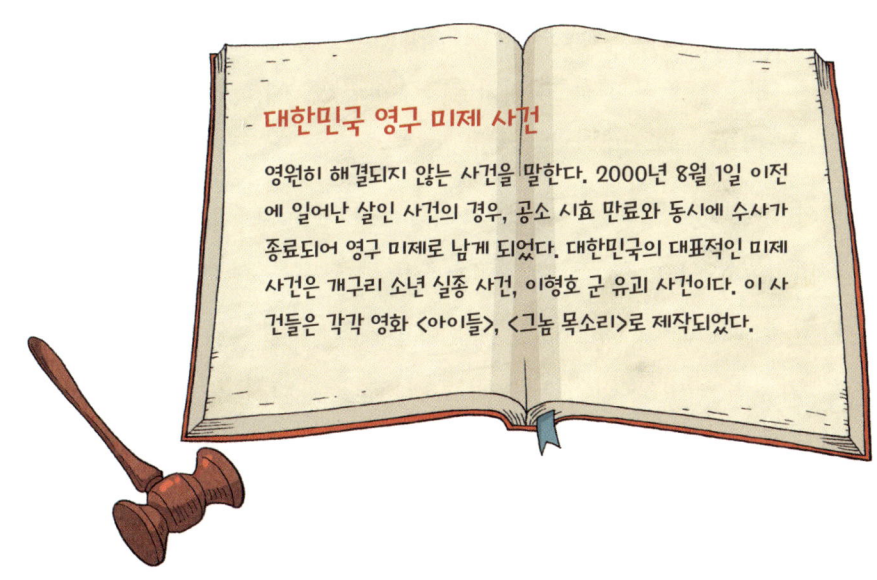

대한민국 영구 미제 사건

영원히 해결되지 않는 사건을 말한다. 2000년 8월 1일 이전에 일어난 살인 사건의 경우, 공소 시효 만료와 동시에 수사가 종료되어 영구 미제로 남게 되었다. 대한민국의 대표적인 미제 사건은 개구리 소년 실종 사건, 이형호 군 유괴 사건이다. 이 사건들은 각각 영화 <아이들>, <그놈 목소리>로 제작되었다.

못 하고 사건이 종결되다니……. 믿을 수 없는 사실이었다.

"저는 이 사건을 접하고 공소 시효가 뭔지 궁금해져서 조사를 해 보았습니다. 공소 시효는 어떤 범죄에 대해 일정 시간이 흐른 뒤에는 더 이상 국가가 범죄자의 죄를 물을 수 없도록 하는 제도입니다. 범죄를 저지른 범인이라 하더라도 공소 시효 기간 동안 숨어 지내면, 나중에 잡혀도 처벌할 수 없는 것이지요. 살인죄와 아동 성범죄는 다행히도 공소시효를 폐지하여 2000년 8월 1일 후에 행한 범죄에는 공소 시효가 없습니다. 그러나 모든 공소 시효를 폐지한 것은 아니지요. 공소 시효 제도가 있는 이유는 범인이 오랜 기간 도피 생활을 하면서 처벌을 받는 것과 비슷한 심적 고통을 겪었을 것이고, 국가가 제때 범인을 잡지 못한 책임을 범인에게만 돌리는 것도 옳지 않다는 판단에서입니다. 저는 살인죄와 아동 성범죄에 대한 공소 시효를 폐지하였다 하더라도 애초에 범죄에 공소 시효를 둔 것은 문제가 있다고 생각합니다."

경서가 발표를 마치자 이현이가 손을 들고 질문을 던졌다.

"저도 공소 시효 제도로 인해 영구 미제로 남은 사건들에 대해서 무척 안타깝게 생각합니다. 하지만 공소 시효 제도가 없어서 아주 오래전에 저지른 범죄의 범인을 잡았다고 해도, 사건과 관련된 사람들의 기억은 흐려지고 증거물의 상태도 나빠졌을 거예요. 이런 상황에서 공정한 재판을 할 수 있을까요? 한편으로는 지금 당장 벌어지는 사건들도 많은데 경찰들이 미제 사건 해결에까지 매달릴 여유가 있을지도 의문이에요."

경서가 진지한 표정으로 대답했다.

"신문 기사와 뉴스를 보니, 과학 기술이 많이 발전해서 과거에는 찾지 못했던 증거들을 찾을 수 있게 되었다고 하더라고요. 예전에는 범인의 지문을 감식하는 것에만 몇 달이 걸렸는데, 이제는 감식 기술이 발전해서 시간이 많이 걸리지 않는다고 해요. DNA 분석 기술도 많이 발전했고요. 그래서 영화 '살인의 추억'의 모티브였던 화성 연쇄 살인 사건의 범인도 무려 33년 전 증거물의 DNA 분석을 통해서 밝힐 수 있었지요. 또 시간이 흐르면서 우연히 사건의 실마리가 풀리기도 하고, 양심에 찔린 범죄자가 자백을 할 수도 있습니다. 뒤늦게 증거를 확보했는데 공소 시효 기간이 지났다는 이유만으로 범죄자를 처벌할 수 없다면 피해자와 가족들에게 얼마나 큰 상처가 될까요? 공소 시효 제도가 존재하는 한 범죄자들은 수

사 기관을 비웃으며 제도를 악용하게 될 거예요. 사회가 점점 복잡해지면서 범죄 사건은 과거보다 빨리 잊히고 신분을 숨기거나 도피하는 것은 더 쉬워졌으니까요. 이현이가 경찰 인력 문제를 우려했는데, 수사를 담당하는 인력을 늘리면 미제 사건을 해결하는 건 어렵지 않다고 봅니다."

찬솔이도 손을 들고 발언에 나섰다.

"궁금한 게 있어요. 우리나라 말고 다른 나라에도 공소 시효 제도라는 게 있나요? 할리우드 영화에서 그런 건 못 본 것 같아서요."

"제가 조사한 바로는, 미국의 대다수 주와 영국, 독일은 살인죄에 대해서는 공소 시효 제도를 두고 있지 않습니다. 일본도 살인죄에 대한 공소 시효 제도를 폐지했고요. 우리나라도 최근 살인죄와 아동, 장애인에 대한 성범죄에 대해서는 공소 시효를 없앴고요."

선생님은 흡족한 표정을 지으며 입을 열었다.

"경서가 공소 시효 제도에 대한 문제 제기를 잘해 주었어요. 범죄자에게 면죄부를 주는 공소 시효 제도는 끊임없이 논란이 되어 왔어요. 살인, 아동 성범죄에 해당하는 공소 시효는 폐지했다고 해도 다른 성범죄를 포함하여 강력 범죄에 대한 공소 시효도 모두 폐지해야 한다는 국민들의 목소리도 있습니다. 앞으로 우리나라의 공소 시효 제도는 어떻게 될까요? 다들 관심을 갖고 지켜보기를 바랍니다. 그럼 다음 발표자 나와 볼까요?"

술을 마시고 사람을 때리면 형이 줄어든다?

경서가 자리에 들어가고, 이번에는 이현이가 교단에 섰다. 표정이 심상치 않은 걸 보니 발표 주제가 무거운 듯했다.

"저는 우리나라 형법에서 술을 마신 사람이 범죄를 저지르면 형벌을 줄여 주는 것에 대한 문제점을 지적하고 싶어요. '음주로 인한 심신 미약 감경'이라고 하는데, 심신 미약은 정신적 장애로 인해 사물을 판단하고 의사를 결정하는 능력이 떨어진 것을 뜻해요. 우리 형법은 이런 경우 형벌을 줄일 수 있습니다. 이 조항은 원래 정신병이 있는 사람들을 보호해야 한다는 목적으로 만든 것인데, 술이나 약물에 의해 심신 미약 상태가 되어 범죄를 저지른 사람들도 똑같이 보호하고 있어요. 몇 년 전에 발생한 '조두순 사건'을 예로 들어 볼게요. 가해자 조두순은 어린아이를 잔혹하게 성폭행했지만, 술에 취한 상태였다는 이유로 심신 미약을 주장해서 징역 15년에서 감형되어, 고작 징역 12년을 받았습니다. 결국 조두순은 2020년에 출소하였고요. 이후 국민들의 비난의 목소리가 높아지자 성범죄에 대해서는 음주나 약물에 의한 심신 미약을 인정하지 않는 것으로 법이 바뀌었어요. 하지만 아직도 성범죄가 아닌 폭행 등의 다른 범죄에 대해서는 여전히 술을 마시고 범죄를 저지른 사람들을 봐주고 있죠. 이상하지 않나요? 자신의 의지로 술을 마신 것인데, 그렇다면 술에 취해서 저지르는 일에 대해서도 책임을 져야 하는 거잖아요. 오히려 더 심하게 처벌해야 하는 문제라고 봅니다."

영선이가 손을 들고 질문을 했다.

"제가 알기로는 술을 마시고 운전을 해서 사고를 낸 경우에는 그렇지 않은 경우보다 더 엄하게 처벌을 한다고 들었어요. 이 경우는 왜 그런 걸까요?"

이현이가 고개를 끄덕였다.

"맞아요. 도로 교통법이라는 특별법이 있어서 음주 운전으로 사고를 낸 경우에는 더 엄격하게 처벌하고 있어요. 술을 마시고 운전을 하는 것은 다른 사람들을 위험에 빠뜨리는 매우 위험한 행위이기 때문이에요. 저는 다른 범죄라고 해서 음주 운전과 달리 볼 이유가 없다고 생각해요. 미국 등 외국에서는 술에 취한 상태에서 범죄를 저지르면 더 무거운 형을 내리기도 합니다. 술은 자신의 의지로 통제할 수 있는 것인데, 법이 술에 취해서 범죄를 저지른 범죄자들을 솜방망이로 처벌하면 흉악범들이 더 기승을 부릴 것 같아요."

선생님이 입을 열었다.

"이현이가 지적한 대로 음주로 인한 심신 미약 감경에 대해 비판하는 목소리가 높아서, 성범죄에 대한 법을 개정하였지요. 하지만 형법상 다른 범죄에 대해서는 심신미약 감경 조항을 유지하고 있다가 '강서구 피시방 살인 사건'을 계기로 법을 개정하였어요. 피시방에서 아르바이트생을 잔혹하게 살해한 범인이 우울증으로 인한 심신 미약을 주장한 것이 국민들의 분노를 불러일으킨 것이죠. 이제 법 조문이 '형을 감경한다'가 아니라 '형을 감경할 수 있다'로 바뀌어, 심신 미약 감경이 필수가 아닙니다. 하지만 심신 미약 상태에 대한 기준이 의학적인 기준이 아니라 법적인 판단, 즉 재판부의 판단에 따르기 때문에 심신 미약 감경 조항이 악용될 소지는 여전히 남아 있어요. 개정한 조항이 범죄자들의 형을 덜기 위한 잘못된 도구로 사용되는 것을 막기 위한 방법을 함께 고민해 보기 바랍니다."

법은 영원한 것일까?

 아이들의 발표가 모두 끝나자, 선생님은 다시 교단에 서서 아이들을 바라보았다. 아이들은 선생님이 또 어떤 이야기를 이어나갈지 궁금하다는 듯 눈을 반짝였다.

 "여러분은 지금까지 문제가 있다고 생각하는 법에 대한 이야기를 깊이 있게 나눠 보았어요. 법을 만들 당시에는 분명 법에 대해 반대하는 사람보다 찬성하는 사람이 더 많았기 때문에 그런 법을 만든 걸 거예요. 당시에는 그 법이 꼭 필요했던 것이지요. 민주주의는 다수결의 원리에 따르니까요. 하지만 정작 법을 시행하고 난 뒤, 법을 만들 때 알지 못했던 현실적인 문제점들이 드러나기도 한답니다. 법이 사회의 변화를 따라가지 못해 유명무실해지기도 하고, 심지어 역기능을 하는 경우도 있어요. 우리 국민들은 이런 상황에 어떻게 대처해야 할까요?"

 나정이가 진지한 얼굴로 입을 열었다.

 "법과 현실이 일치하지 않는다면, 법을 바꾸거나 현실을 바꾸어야겠죠? 하지만 현실을 법에 맞추는 것은 힘들 것 같아요. 몸에 맞는 옷을 입어야 하는 것이지 옷에 몸을 맞추는 게 아니잖아요. 법은 애초에 현재를 살아가는 사람들을 위해 만든 것입니다. 따라서 법을 현실에 맞게 새로 개정하는 것이 올바른 방법이라고 생각해요. 예전에 어딘가에서 읽은 내용인데, 사회 변화를 가장 먼저 따라가는 것은 기업, 그다음이 정치, 가장 느리게 따라가는 것이 법이라고 해요. 그만큼 법은 시대에 뒤떨어지기

쉽다는 뜻이라고 생각합니다. 우리는 현실에 맞지 않는 법은 바꾸거나 없애고 필요한 법은 새로 만들면서 법과 현실이 일치하도록 노력해야 할 것 같아요."

나정이의 말에 선생님이 놀란 표정을 지으며 말했다.

"나정이의 말이 맞아요. 우리 친구들이 선생님이 생각한 것보다 더 깊이 있게 법을 들여다보고 있네요. 나정이의 말처럼 법은 영원하지 않답니다. 마치 살아 있는 생명체처럼 계속해서 변화하고 또 없어지기도 하지요. 법을 만든 지 오래되어 현실에 맞지 않는 법은 아무도 그 힘을 인정하지 않아서 '죽은 법'이 돼 버리곤 해요. 우리가 할 일은 법에 생명을 불어넣어서 죽은 법이 없도록 하는 것입니다. 법을 만드는 것도, 법을 변화하는 것도, 법을 없애는 것도 모두 국민의 관심과 결정에 따라 이루어지는 것이에요. 그렇기 때문에 국민들이 계속해서 법에 관심을 갖는 것은 매우 중요한 일이랍니다."

국민의 힘이 법을 바꾼다

이때 찬솔이가 손을 들고 질문했다.

"하지만 정말로 국민의 의견에 따라 잘못된 법을 바르게 바꾸거나 새로운 법을 만들기도 하나요? 뉴스를 보면 무슨 법이 국회를 통과하였는데 이 법에 반대하는 여론이 거세다고 나올 때가 많던데요. 그럼 법을 만들 때 국민의 소리를 듣겠다는 게 그냥 말뿐이고, 사실은 그렇지 않다는 것 아닌가요?"

평소의 해맑은 모습과 달리 의심이 가득한 표정으로 심각하게 말하는 찬솔이가 귀여웠다. 선생님은 웃으며 대답했다.

"하하하. 찬솔이 말도 맞아요. 아마 여러분은 실제로 우리나라에서 국민의 힘으로 잘못된 법을 바꾸거나 새로운 법을 만든 사례가 있는지 궁금할 거예요. 그래서 선생님이 영선이에게 특별히 조사를 부탁한 내용이 있답니다. 그럼 영선이가 앞으로 나와서 준비한 내용을 친구들에게 좀 들려줄래요?"

선생님이 불러 주기를 기다리고 있던 영선이가 살포시 웃으며 친구들 앞으로 걸어 나왔다.

영선이가 발표하는 것을 모르고 있던 아이들은 조금 놀라며 영선이의 목소리에 주의를 집중했다.

"네. 저는 지난 시간이 끝난 뒤 선생님으로부터 우리나라에서 국민의 힘으로 법이 바뀐 사례에 대해 발표해 달라는 부탁을 받았어요. 집에 가서 사례들을 열심히 찾아보았는데 역시 국민의 목소리는 무시할 수 없는 큰 힘이라는 걸 새삼 느꼈습니다. 사실 국민의 힘으로 법이 바뀐 사례는 지금까지 우리가 해 왔던 토론에서도 계속 등장해 왔어요. 아까 경서가 공소 시효에 대해 발표할 때 몇 년 전부터 살인, 그리고 아동과 장애인에 대한 성범죄에 대해서는 공소 시효가 없어졌다고 했잖아요? 또 이현이는 심신 미약일 경우 처벌을 약하게 하는 것과 관련해서 성범죄에 대해서는 음주 또는 약물로 인한 심신 미약을 적용하지 않는 것으로 법이 바뀌었다고 했고요."

영선이가 또박또박 이때까지의 토론 내용을 되짚어 주자 아이들은 놀라워하며 고개를 끄덕거렸다. 경서와 이현이는 자신들의 이름이 언급되자 자세를 바로 했다. 국민의 힘이 법을 바꿨다고 생각하니 발표했던 내용에 새삼스레 남다른 의미가 느껴졌다.

"법이 이렇게 바뀐 것은 장애인 학생들을 성폭행한 도가니 사건, 어린아이를 성폭행한 조두순 사건 등으로 아동, 장애인에 대한 성범죄는 특별히 엄하게 처벌해야 한다는 국민들의 목소리가 높아졌기 때문이에요. 그래서 바뀐 법을 '도가니 법', '조두순 법'이라고 부르기도 해요. '강서구 피시방 살인 사건'을 계기로 개정한 심신 미약 감경 조항 또한 '김성수 법'이라고 불리곤 하지요."

아이들의 시선이 집중된 것을 느끼며 영선이는 다른 질문을 던졌다.

"사람의 이름을 딴 법은 또 있는데, 혹시 여러분은 '민식이 법'에 대해 들어 본 적이 있나요?"

영선이는 잠시 말을 멈추고 목을 가다듬었다.

'민식이법'은 어린이 보호 구역에서 교통사고로 사망한 어린이의 이름을 딴 법이다.

"어린이 보호 구역에서 교통사고로 사망한 민식이 사건을 계기로 만든 민식이법은 어린이 보호 구역 내 신호등, 과속 방지턱, 단속 카메라 설치를 의무화하는 법이에요. 또 어린이 보호 구역 안에서 교통사고를 낸 가해자를 가중 처벌 하는 법도 포함하고요. 민식이를 잃은 부모님은 다시는 이런 일이 일어나면 안 된다며, 청와대 국민 청원 게시판에 민식이법의 국회 통과를 요청하는 내용의 청원을 올렸어요. 이 청원은 국민들에게 하루 만에 20만 명이 넘는 동의를 받았어요. 이후 이 법은 국민의 관심 속에 신속하게 국회를 통과하여 시행되었지요."

영선이는 진지한 표정으로 말을 이었다.

"국민의 목소리가 법 개정에 영향을 주었던 사례는 이뿐만이 아닙니다. 아마 여러분 모두 2020년에 일어났던 아동 학대 사망 사건인, '정인이 사건'을 알고 있을 거예요. 생후 7개월 무렵 입양된 입양아가 양부모의 끔찍한 학대로 생후 16개월 만에 목숨을 잃은 믿고 싶지 않은 사건이었지요."

아이들의 표정이 어두워졌다. 최근 자주 일어나고 있는 아동 학대 사건은 소름이 끼칠 만큼 무섭고 잔인해서 뉴스에 나올 때마다 고개를 돌리게 만들었기 때문이다.

"뉴스를 보기가 두려울 정도로 화가 나고 슬픈 사건이었지요. 국민들을 더욱 참을 수 없게 한 건 계속해서 발생하는 아동 학대 사망 사건에도 불구하고 가해자들이 제대로 된 죗값을 치르지 않는 것이었어요. 국민들은 이런 범죄를 저지른 사람들을 엄격히 처벌할 것을 요구했고, 이러한 여론에 의해 '아동 학대 범죄의 처벌 등에 관한 특례법'에 '아동 학대 살해죄'가 신설되었습니다. 이 조항에 따르면 아동을 학대하고 살해한 경우 사형이나 무기징역 또는 7년 이상의 징역에 처하게 되어 있어요. 또 아동 학대 신고를 받으면 이를 즉시 조사하여야 한다는 내용도 개정안에 포함하였고요. 학대받는 아동을 보호하고자 하는 국민의 뜻을 법 개정에 반영한 사례라 할 수 있어요."

영선이는 법을 개정해서 다행이라는 안도감과 법 개정이 좀 더 빨랐다면 좋았을 것이라는 아쉬움이 뒤섞인 마음으로 한 마디 한 마디 힘을 주어 말했다.

"영선이가 기대 이상으로 발표 준비를 아주 성실하게 해 왔네요. 사실 조금 어려운 주제라 걱정을 하기도 했거든요. 자료 조사부터 발표까지 아주 흠잡을 데가 없네요. 선생님도 영선이 덕분에 많은 내용을 알게 되었어요."

선생님이 만족스러운 미소를 지으며 영선이를 칭찬했다. 영선이는 수줍은 듯 웃으며 말했다.

"이 발표를 준비하면서 범죄자에 대한 분노와 피해자에 대한 안타까움 때문에 힘들었어요. 하지만 사건 이후 많은 국민들이 '현재의 법은 문제가 있다, 고쳐야 한다.'라고 의견을 내어 준 덕분에, 결과적으로 더 나은 법이 만들어졌어요. 늦게나마 더 많은 피해자가 생기는 것을 막을 수 있어 다행이라는 생각이 들어요. 우리가 무언가 잘못되었다고 느낄 때 이 감정과 생각을 그냥 흘려버린다면 사회는 변하지 않겠지만, 국민이 적극적으로 목소리를 내서 법을 변화시킨다면 많은 것을 바꿀 수 있다는 사실을 알았습니다."

좋은 법을 만들기 위해서는?

찬솔이가 다시 손을 들고 질문했다.

"그렇지만 법을 만드는 것은 국민이 아니라 국회 의원들인데, 국민들이 목소리를 낸다고 해서 모든 경우에 법이 바뀌거나 새로 만들어지는 건 아니지 않나요? 영선이가 얘기한 사례들은 사회적으로 무척 큰 이슈가 되다 보니 국민적인 공감대가 생겼던 경우지만 그렇지 못한 경우가 더 많잖아요. 사람들이 법에 불만을 가져서 무조건 거리로 나가 시위를 한다고 해서 눈에 보이는 뚜렷한 성과가 있는 것 같진 않아요. 뉴스에 나오는 국회 의원들은 늘 싸우기만 하는데, 그들은 국민의 뜻을 전달하기보다 다투는 것에만 열을 올리는 것처럼 보여요. 이런 상황에서 우리가 무슨 일을 할 수 있나요?"

선생님은 잠시 고민하다 입을 열었다.

"음. 여러분에게 조금 어려운 설명을 해야겠네요. 찬솔이가 본 국회 의원들의 싸움은 개인과 개인의 싸움이 아니라 정당과 정당 간의 싸움이에요. 정당에 대해 들어 본 적 있죠? 현대의 민주주의는 정당 민주주의의 형태를 취하고 있어요. 정당은 정치적 의견을 같이하는 사람들이 모여 만든 단체입니다. 선거에 후보를 추천하고, 국민들의 의견을 모아서 국회나 정부에 전달하는 역할을 하지요. 생각이 다른 정당이 서로 치열하게 부딪치면서 민주주의가 발전하는 것이에요. 정치인들이 싸운다고 해서 국민들이 정치에 무관심하게 되거나 '내가 뭘 어떻게 하겠어.'라며 무력함을

느끼는 것은 바람직하지 않아요. 오히려 생각이 다른 사람들 간의 다툼을 해결하고 합의를 이끌어 내는 것이 정치의 본질이라고 생각해야겠죠. 정치는 어려운 게 아니랍니다. 우리가 지금까지 해 왔던 토론을 국회로 옮기면 정치가 되는 것이지요."

경서가 의아한 듯 물었다.

"그런데 국회 의원들이 정당에 소속돼 있으면 자신을 뽑아 준 국민들의 의견과 정당의 의견이 다를 수도 있을 것 같아요. 국민들은 자신들의 의견을 전달하라는 의미로 국회 의원을 뽑아 준 건데, 국민과 정당의 의견이 다르면 어떻게 하나요?"

선생님이 고개를 끄덕이며 대답했다.

"경서가 좋은 지적을 했어요. 실제로 그런 경우가 자주 발생한답니다. 국회 의원은 정당의 뜻을 따를 것인지 자신을 뽑아 준 국민들의 뜻에 따를 것인지를 결정해야 해요. 하지만 정당 민주주의라 해도 국회 의원이 국민의 대표자라는 사실에는 변함이 없습니다. 국회 의원은 국민이 자신들의 뜻을 전달하기 위해 국회로 보낸 사람들이고, 자신을 뽑아 준 유권자들의 의견을 반영한 법을 만들기 위해 노력해야 해요. 국민은 국회 의원의 활동을 지켜보고 다음 선거에서 그를 다시 뽑을 것인지, 아니면 새로운 사람을 대표로 뽑을 것인지를 결정하게 됩니다. 국민의 평가가 선거를 통해 나타나는 것이지요."

우제가 심각한 표정을 짓더니 손을 들고 질문을 했다.

"선생님, 저는 지금까지 토론을 하면서 법과 정치에 대한 국민의 관심과 참여가 정말 중요하다는 생각이 들었어요. 하지만 국민이 나라의 주인이라고 해도, 정작 법을 만드는 국회 의원들에게 어떻게 자신의 의견을 전달할 수 있는지 잘 모르겠어요. 저는 살면서 국회 의원을 직접 본 적이 한 번도 없거든요. 대체 어떻게 의견을 전달할 수 있나요?"

선생님이 웃으며 대답했다.

"국민이 주권을 행사하는 가장 대표적인 방법은 민주주의의 꽃인 선거에 참여하는 것이지만, 민주주의 국가에서 국민 참여의 방법은 선거 이

외에도 여러 가지가 있어요. 정책을 결정할 때 열리는 공청회에 참여해서 자기 의견을 말할 수도 있고, 인터넷 게시판을 통해 의견을 표현하거나 정치 문제에 관한 여론 조사에 참여할 수도 있지요. 자신의 정치적 생각과 일치하는 정당이나 시민 단체에 가입해서 활동할 수도 있고, 관공서나 지방 의회에 직접 의견을 내는 '청원'을 통해서도 여론을 형성할 수 있답니다."

이번에는 어서 어른이 되고 싶은 이현이가 안타까워하며 물었다.

"하지만 현재 선거에 참여할 수 있는 나이는 만 18세부터인 걸로 알고 있어요. 저희처럼 선거를 할 수 없는 청소년들은 어떻게 정치에 참여해야 하나요?"

"물론 청소년들은 정치에 참여하는 데 현실적으로 어려움이 있어요. 하지만 사회의 일원으로서 당당히 정치에 참여하고 싶은 청소년들의 의지로 인해 청소년 단체인 청소년 의회가 만들어지고, 사이버 공간에서의 청소년 활동도 활발해졌습니다. 청소년 의회는 선거권 연령을 만 18세로 낮추는 등 청소년들의 목소리를 반영한 법을 제안하기도 했어요. 정당에 가입할 수 있는 연령을 낮춰야 한다는 주장도 계속해서 나오고 있고요. 이렇게 국민들의 인식이 변화하면 정부에서도 적당한 시스템을 만들게 되겠지요. 정치에서 국민의 지지도는 무엇보다 중요하니까요. 부패한 정치인들이 가장 두려워하는 것은 국민이 정치에 관심을 가지는 것이라는 말이 있습니다. 여러분이 더 좋은 법을 만들기 위해서는 청소년도 예외 없이 나라의 주인이라는 점을 기억하며 끊임없이 제안하고 토론하며 행

동하는 것을 게을리하지 말아야 할 것입니다."

 토론 수업이 끝나고 아이들은 함께 집으로 향했다. 학교 담벼락에 붙어있는 선거 포스터들이 이전과는 다른 의미로 다가왔다. 어서 자라서 국민의 특권인 소중한 한 표를 행사하고, 내가 이 사회의 구성원이자 나라의 주인이라는 것을 확인하고 싶었다.

 그러나 아이들이 아직 선거에 참여하지는 못하더라도 이 사회의 구성원으로서 의견을 낼 자유가 있는 것은 분명하다. 어른들이 만든 세상에서 사는 아이들이 아니라, 아이들과 어른들이 함께 만들어 가는 세상. 그런 세상에서 살기 위해 아이들은 우리 사회를 지탱하는 법에 대한 관심의 끈을 놓지 않기로 약속했다. 토론 수업은 막을 내렸지만, 사회와 법에 관한 아이들의 토론은 앞으로도 끊임없이 계속될 것이다.